국보현대시선 123

詩는人蓮의 놀음

이영순 시집

도서출판 국보

詩는 人蓮의 놀음

초판 인쇄 2013년 10월 12일
초판 발행 2013년 10월 19일

지은이 이영순
펴낸이 임수홍
편 집 이윤숙
디자인 최정숙

발행처 도서출판 국보
주 소 서울시 강동구 길동 395-3 2층
전 화 02-476-2757~8, 7260 FAX 02-476-2759
카 페 http://cafe.daum.net/lsh19577
E-mail kbmh11@hanmail.net

값 10,000원

ISBN 978-89-93533-56-9 03800

이 도서의 국립중앙도서관 출판시도서목록(CIP)은 서지정보유통지원시스템 홈페이지(http://seoji.nl.go.kr)와 국가자료공동목록시스템(http://www.nl.go.kr/kolisnet)에서 이용하실 수 있습니다.(CIP제어번호: CIP2013020066)

시인의 말

세월이 얼마나 빠른지 그렇게도 더위가 극성을 부려도 흐르는 시간 속에 어느덧 간혹 귀뚜라미 소리가 들리는 가을이 성큼 문 앞에 와 있는 듯합니다.

문학을 한답시고 펜 끝에 꽹과리나 울리지 않았는지 심히 떨리고 조심스러운 마음으로 개인시집 「민들레 홀씨 되어」에 이어서 제2시집인 「시는 인연의 놀음」를 조심스럽고 두근대는 마음으로 세상에 내놓으면서 마음은 소녀처럼 설레고 가슴은 열구름 속에 가는 바람이 붑니다.

아름다운 시는 공동의 것임으로 많은 독자들이 내 글을 읽고 가슴에 작은 휴식이 되고 소통의 노래가 되었으면 하는 소망을 가져봅니다.

내 글을 사랑해 주시는 분들과 남은 삶을 아름다운 사색과 상념 그리고 사랑과 아픔을 가슴에서 툭 떨어지는 멋진 음악처럼 가슴으로 승화시켜 죽는 날까지 펜 끝에 담아내고 싶은 욕심을 내봅니다.

여기까지 인도하신 하나님께 감사와 영광을 올려드리며 늘 곁에서 부족한 나를 지켜주는 소중하고 사랑하는 내 가족과 형제와 친지들께 감사를 드립니다. 특별히 나를 늘 응원해 주시고 기도해주시는 내가 30년이 넘게 섬겨온 불광동 연신교회 담임 목사님을 비롯해 사랑하는 교우님과 지인들께 이 자리를 빌려 감사를 드리며, 또 이 글을 읽는 소중한 독자분들과 같은 길을 가는 문학 동지 여러분들까지 하나님의 축복이 함께 하시길 간절히 바라면서 내 남은 삶이 진정한 문학인으로써 많은 사람들과 아름다운 소통으로 영원히 사랑하면서 행복하게 살고 싶습니다.

2013년 9월 초순에

이 영 순

| 1부 | 나그네여

| 2부 | 봄바람 같은 당신

| 3부 | 허무한 인생

| 4부 | 안부

| 5부 | 사람

| 6부 | 밤 줍는 날

| 7부 | 착각

| 8부 | 6.25

| 9부 | 부부이력서

| 10부 | 외로운 밤

| 11부 | 당신생각

| 12부 | 뒤틀린 용기

| 13부 | 부부이력서

| 14부 | 밤 줍는 날

| 1부 | 나그네여

나그네여

나그네여 시들은 꽃이라고
업신여기며 함부로 꺾지 마라

자연 속에 떨어져
고귀한 꽃씨를 만들려 하는데

갓 핀 꽃봉오리 보다
귀하지 않다고 누군들 말할 수 있으랴

시들은 꽃이 꺾일 때 억울함은
꽃봉오리 보다 훨씬 더 서러울 수 있다

누군가 기억 속에

누군가 날 기억한다면
사랑으로만 기억했으면 좋겠다

누군가 날 기억한다면
그리움으로만 기억했으면 좋겠다

누군가 날 기억한다면
웃음으로만 기억했으면 좋겠다

누군가 날 기억한다면
좋은 사람으로만 기억했으면 참 좋겠다

인생에 만나고 헤어짐이
다반사라 생각하며 살아가지만

그래도 당신들의 미래 속에
날 빼버리지 않는 사람이었으면

사랑이란

사랑이란
좋은 기억을 갖고
꿈을 꾸며 현실을 사는 것

사랑이란
행복했던 시간
짧은 기억 하나면
충분하다

그리움

누군가를 생각해
뜨거운 눈물을 흘릴 수 있다는 게
종전에는 내게 있었단 말인가

오늘같이 맑은 하늘
쪽빛 하늘을 보며 당신의 벅찬 우정 앞에

고운 그리움으로 어느새 내 마음
촉촉함으로 젖어 자리 잡았단 말인가

그대 옷자락에
내 마음도 내 이름도
끈처럼 매달아 놓고 싶어라

바람과 꽃이 되고 싶다

누군가 그리운 날엔
바람이 되고 싶다
갈구칠 것 없고 자유로운
바람이 되고 싶다

허물 많은 내 모습 감추고
그리움 찾아 마음대로 떠나는
바람이 되고 싶다

누군가 그리운 날엔
꽃이 되고 싶다
미움 없는 세상에
향기 나는 꽃이 되어
굳이 자랑하지 않아도
누구나 좋아하는
아름다운 꽃이 되고 싶다

내가 그대를 찾지 않아도
그대가 내 향기에 취해서
너울너울 나비처럼 나를 찾는
그윽한 꽃이 되고 싶다

풀향기

풀은 바람에 스쳐도 향기가 있네
풀은 가꾸지 않아도 힘차게 크네

농부가 풀 섶을 베어버릴 때도
풀은 베어진 몸에서도 서슴없이 향기를 품어내네

풀이라는 이유 하나로
마디마디 서름지고 살아가다

자기 몸이 잘리는데도
풀잎은 말없이 짙은 향기를 품어내네

어느 향수보다
그 어떤 향기보다
싱그럽고 좋은 향기를 뿜네

자기 몸을 태우는 촛불처럼
제자들의 발을 씻겨주시는 예수님처럼

아름답고 순수하고 순박하게
자기 몸을 베는 농부의 심장에

그렇게 풀 향기로
행복의 수를 놓는구나

인생은 한 줄

인생은
설레임과 고행 속에
길고 짧은 여행이다

강건해봤자
백년도 못 사는 인생

너도 나도
마지막 가고 나면
인생의 남는 건 한 줄———————— 인생에서

잘 살아도 한 줄
못 살아도 한 줄
편집을 해도 한 줄

그 한 줄 속에
나는 무엇을 남길 것인가?

가끔은 쉬어가고 싶은
나의 삶 속에
태양은 유혹을 하고
사랑의 에워쌈 속에도
가고나면 한 줄의 끝 선인가?

기차를 타고 싶다

겨울이 가고 봄이 오가듯
그냥 그렇게 내 상념도
편하게 가고 오면 좋으련만

가슴 속 계절은
아마도 오고 가는 철조망이
거미줄처럼 뒤엉켜 있나 보다

죽을힘을 다해
잊은 줄 알았는데
가슴에서 버린 줄 알았는데
그렇게 잊힌 줄 알았는데

생뚱맞은 기억은
아직도 내 가슴속에
질긴 미련으로 숨 쉬고 있었나 보다

이런 날은 기차를 타고 싶다
가벼운 봇짐 하나 등에 메고

외로운 사람들이 타고 있는
비싸지 않는 기차를 타고
내 마음 낭만 속에 걸어놓고

차창 밖을 벗 삼아
누런 들녘을 바라보며
어릴 적 탔던 기차를 타고 싶다

섬 같은 인생

어째서 저 멀리 보이는
섬 하나가 외로워 보일까?

우린 함께 놀고 함께 웃고
함께 먹고 마시고 했는데
결국엔 돌아가는 발걸음은 각각이네

누구에게 위로를 청하지 못하는
내 가슴이 잘못된 건가?
아니면 그대들 가슴이 메마른 건가?

그토록 웃고 정을 나눈듯한데
우린 무엇을 나누고 왔단 말인가?

마치 우린
현악기의 줄 같은 관계
함께 같은 음악을 연주해도
끝나면 결국엔 각자의 줄인 걸

봇물처럼 많은 인연
우린 함께 붐며 살아도
가끔은 물위에 홀로 서있는
외롭고 고독한 섬 같은 인생

| 2부 |　봄바람 같은 당신

봄바람 같은 당신

당신을 사랑하지 않았다면
세상을 살아가는데 얼마나 건조할까

당신의 사랑이 없었다면
내 삶의 굴레가 얼마나 황량할까

당신은
나에게 봄바람입니다

겨울내 언 마음에
당신의 따스하고 순수한 사랑이

개나리 진달래를
활짝 피어나게 했습니다

수많은 사람이
내 인생 무대에 등장하지만

당신만큼은 내게
향기로운 봄바람입니다

긴 세월을
변함없이 지켜온 당신은
아름다운 맑은 물 같은 사람입니다

내가 사는 인생길에
그런 당신은 커다란 선물입니다

내가 얼마나 행복한 사람인지
당신을 바라보면서 비로소 알았습니다

그런 당신과 함께라면
이 세상 끝까지 투정 없이 가겠습니다

부부 탑

언젠가 당신은
내가 꼭 필요하다며
내가 없인 이 세상 살 수 없다며
촉촉한 눈길로 내 영혼을 흔들었네

그때부터 나는
죽을 둥 살 둥 당신의 사랑의 노예가 된 듯
진정한 부부의 의미를 깨달았네

삶의 걸음 하나도
돌부리에 넘어져
혹여 당신한테 근심을 줄까 봐
내 몸이 당신 것인 양 조심히 걸었었죠

우리는 부부라는 이름으로
살아온 세월의 흔적만큼
눈가엔 잔주름과 흰 머리카락이 난무해도
서로가 없으면 살 수 없을 것 같은
가슴이 있다는 건

우리 가슴에 서로가 먼 추억이
한 움큼씩 축복의 거름으로 싹이 나서
가슴에 고운 꽃을 피어줌이련가?

당신과 나
시나브로 깨닫게 하는
소중한 말 한마디가 그 무엇보다도

낙엽이 물든 인생 앞에도
내가 살아가야 될 행복하고 충분한 이유입니다

내가 없으면 살 수 없다는 그 말이
오늘도 우리들의 아름다운 지표가 되어
부부라는 탑이 높이 쌓아져 가고 있습니다

우리 아가 웃음소리

호수같이 맑은 우리 아가 눈망울
그곳에 풍덩 빠지고 싶어라
까르르 우리 아가 웃음소리
어느 명곡에 비하랴
방글방글 웃는 우리 아가
어느 꽃이 그리 아름다우랴

까르르 우리 아가 웃음 속엔
온갖 꽃이 다 피어있고
까르르 우리 아가 웃음 속엔
온갖 시름 다 녹여주니

오호라
이것이 세상사는 행복이구나

부모자식

세상에서 가장 힘든
그러나 가장 행복한
나는 부모라는 이름

그때부터 달라진 세상
조심스럽게 인생을 걷는
힘든 수업 속에 행복을 산다

호랑이보다도 무섭고
늑대보다도 무서운 그 이름
죽도록 사랑하는 자식이란 존재

부모는 자식을
늘 향기 나는 보물처럼 바라보지만

자녀들 눈은 언제나
부모를 스승으로 바라보는 망원경

세상에서 가장 사랑하기에
부모관계는 제일 힘들고
가장 소중하기에 매사가 제일 무섭다

천하를 얻은들

세상을 다 갖은 듯해도
고운 사랑 하나 온전히
갖지 못했다면

그 마음은 언제나
추운 바람이여라

많은 것을 갖은 듯해도
내가 사랑하는 사람의 마음 하나
온전히 갖지 못하면

천하를 얻고도
그 마음은
늘,
허공에 맴도는
가슴이여라

당신이 업어주던 생각

그 옛날 나를 업어주시던
내 어머니 등처럼 따뜻한 그 사람

나를 업어주고 아껴줬던 사람
무심한 시간이 흘러도 내 어찌 잊으리

어릴 적 내 어머니 등처럼
당신의 등도 따뜻하고 좋았는데

내 어머니 등도 당신의 등도
다 흐르는 세월 속에 떠나버리고

그리운 추억으로
이제 가슴에 아픔으로 박혔네

소중함

우린 함께 있어도
어이해 소중함을 잊었나

눈이 어두워
너의 소중함을 모르면
나 살아도 죽은 것이니

미련한 가슴 앞에
죽어도 소중함을 안다면
우리들의 사랑은 영원히 살아 있으리

내 생각을 도둑맞고
영혼이 허허로운 시간에도
우린 삭막한 가슴을 쪼개서

눈이 열리고 마음이 열려
주님이 원하는 심장이 되어

우리 서로 소중한 상대로
외로운 세상 모닥불처럼
따뜻하게 살아갔으면 좋겠다

읍내 장터

5일마다 서는
시골 마을 읍내 장터

그날은 할아버지 할머니
연애하러 가는 것처럼 설레는 날

애지중지 농사지은
푸성귀와 잡곡 싸 가지고
얼마만큼 쌈짓돈 챙길까 행복한 날

뜨끈한 선짓국에
멸치 국수와 막걸리 한 사발
쭉~ 들이키고 나면 세상은 내 것인 양

부러울 것 없는 맘
온갖 시름 다 잊은 채

싼 고등어 한 손 챙겨 들고
거한 막걸리 탓에
까짓것 인생 별것 있나
중얼중얼 눈가엔 촉촉한 이슬

등이 굽은 자세에
갈지자걸음으로 걸어가는

삶의 흔적이
그 옛날 내 아버지를 닮았구나

바쁜 영혼아

생각하면 우리네 인생
오붓하고 편했던 날이 얼마나 될까

늘 쫓기는 암 닭 같고
돌아가는 물레방아 같아

몸이 편하면
마음이 바쁘고

어떨 땐 몸과 마음이
한꺼번에 바쁘게 살아가고

사랑한다고 힘들고
미워한다고 힘들고
토할 것 같은 욕심에

감정조절 하느냐 힘들고
먹고 살기 위해 일하느냐 힘들고

지인들 마음보가 바쁘고
타인들 눈치 보기 바쁘고
늘 고뇌 속에 사는 우리네 인생

어릴 땐 부모 욕심에
발맞추느라 힘들게 살고

어른이 되어선
자식 때문에 바쁘고 힘들다

온통 정신없는 세상 속에
바람은 늘 인간을 갖고 논다

맑은 영혼으로 욕심 없이
가난도 즐길 줄 아는 평화로운 영혼이 되어

인간의 삶을 위한
감정 조절의 위선을 벗어 접고 싶다

사람 사는 냄새가 나는
황토 같은 사람이 오늘은 그립다.

| 3부 |　허무한 인생

허무한 인생

인생은 하나의 빗방울 같아
냇물이 되었다 강물에 가고
운이 좋아 바다까지 간들
흔적 없이 사라지는 빗방울 같은 것

한 점 빗방울 같은 인생
혹여 주눅 든 가슴 감추고
점 하나라도 남기고 싶어 안달하다

결국엔 소리 없이
슬프게 사라지는 빗방울 같아

차라리 한 송이 꽃이라면
누구나가 좋아하고 사랑했을 텐데
잘 살아도 못 살아도
어차피 인생은 빗방울 같은 걸.

가슴의 무덤

가슴 한구석에
작은 무덤 하나가 생겼다

사랑보다는 우정
우정보다는 진실을 담고 싶어

내 가슴 한쪽에
작은 무덤을 하나 만들어놨네

너와 내가 둘이 될 수 없기에
내 가슴에 조용한 무덤 하나가 생겼네

웃음보다도 퍽은 아파도
가슴 깊이 간직할 수 있어서

남모르게 슬픈
가슴에 아름다운 무덤 하나 생겼네

숨 고르기

내 깊은 마음의 겨울 산이
신음 속에 붕괴되어 내려앉던 날

맨붕된 텅 빈 가슴이
조금씩 숨 고르기가 시작된다

불통의 세월이
썩은 고목처럼
한 줌의 흙이 되어 가라앉네

아~ 죽은 자들처럼
소리가 없던 계절은 가고
소통의 아름다운 계절은 오는구나

살갑게 부는 바람에
대지는 다시 꽃을 피우기 위해
힘겨운 내복을 벗고 분주히 설친다

그렇게도 독하고 모진 겨울도
흐르는 세월 앞에 꼬리를 내리는 걸

또다시 겨울이 와도
내가 겪은 봄이 있기에
나도 잊혔던 영혼을 열어
숨 고르기 속에 이제 고운 날을 맞으리

내가 죽으면

내가 죽으면 무엇이 될까
꽃이 될까 나비가 될까
이 한 몸 살다가
태우고 또 태울 때
나에게선 무슨 냄새가 날까?

쓰레기 더미에도
백합꽃이 피어나듯
내 몸이 태워진 자리에도
나의 나된 향기로 그윽했으면

내가 죽으면
그 길엔 꽃이 필까
아름다운 실개천이 흐를까
그리움 놓고 간 그곳에
눈물방울 위에 향기로 비벼
고운 꽃길 만들고 가고 싶어라

못다 쓴 편지는
아름다운 향기 속에 접어놓고
들을 임 오거들랑
적셔진 마음 바람이 알려줬음

그대들이 있어
내 삶이 심심하지 않았다고
그대들을 사랑해서
나는 많이 행복했다고
그 말 만큼은
꼭 그대들 가슴에
겹겹이 옮겨놓고 가고 싶어라

두 번 다시

염치없는 욕심이
꿈틀대지 않기를

헛된 꿈을
정녕 꾸질 않기를

가슴에
나도 모르게
가라지가 나지 않기를

두 번 다시 외로워도
그립다는 말은 하지 않기를

다시는
미안하단 말도 하지 않기를

뜬구름 같은 인연 속에
다시는 내 마음 도둑맞지 않기를

걸러내지 못한 마음으로
두 번 다시 남을 원망하지 않기를

나는 오늘도
간절히 하나님께 기도한다

개구쟁이가 무심코 던진 돌에
내가 맞지 않기를 소망하며

티

그리움이 아무리 힘들어도
내 눈에 티 하나가 들어가니

눈앞이 캄캄한 게
그리움이 까맣게 잊히더라

뛰어가 보고 싶은데
그놈에 신발 속 모래알 하나가
내 발걸음을 멈추게 하드라

바람에 날라 온 작은 티 하나가
거대한 생각과 모든 걸 멈추게 하다니

세상엔 작은 먼지 하나도
제 몫을 안 하는 게 없구나

작은 티 앞에서도
무력해지는 인생인 걸

어떨 땐 인간이
작은 티만도 못한 걸
뉘라서 큰소리치며 살 수 있단 말인가?

힘든 맘 체에 걸러
아름다운 맘으로 웃고 살아야지

울지 마라 가슴아

울지 마라 가슴아
까치까치 설날이다

힘들었던 자존심이
바닥까지 떨어졌어도
매혹적인 또 다른 행복은
아픔의 고운 치료제였다

구멍 난 가슴이야
세월 가면 메꾸어지겠지

남은 아픔일랑
가슴 한 귀퉁이에
남몰래 접어 두거라

함께 한 시간 속에
행복했던 기억만
아름답게 말해 주자

잊혀지면 다행이고
생각나면 추억으로 갖고 가자

구름이 걷혀야
태양이 떠오르잖니
울지 마라 가슴아

속인 자

속인 자는 편치 않아도
속은 자는 마음이 편할 수 있다

너는 나를 속였지만
나는 너를 믿었었다

그런데 밤새
속이 상해 생각하니
내가 불쌍해야 되는데
니가 불쌍해서 잠이 안 온다

세상도 웃기고
인생도 웃기고
너도나도 웃기는 세상

꽃신

꽃신 신고 떠난 님아
이제 나도 가오리다

아롱아롱 색동 옷에
맑고 고운 사랑 안고
같이 놀고 싶었는데

꽃신에 마음 뺏겨
미련없이 버린 잎새
밟고 가면 찾지 마오

혹여 그대 날 찾아도
그땐 나도 모르겠소
그대가 주었던 마음
꽃잎 속에 묻고 가오리다

살다가 생각나도
그때는 나도 모르는 척
님이란 이름 앞에 바람이 되오리다

한가위

행복이 별거더냐
한가위 날 온 가족이 모여
맛난 음식 먹고
평소에 자주 못 본
형제자매 얼굴 보고

반나절 쯤 되어
기분 좋은 친구와 더불어
공기 좋은 곳 찾아
향기로운 대화 하며

사심 없는 고백 속에
사랑과 우정이 흐르고
니 맘 짚어 내 맘 되어
바람이 다리를 놓아주니

성춘향과 이 도령의
사랑이 과히 부럽잖구려

절름발이 벗과 함께
주고받는 탁주잔 속에

그저 웃을 수 있다는 게
이렇듯 사는 맛이고
고맙고 행복한 세상인걸

| 4부 | 안부

안부

그립다고 하려니
차라리 용기가 없어
그냥 잘 있느냐고 물었네

약속하다 말하려니
가슴 시릴까 봐 말이 막혀
그냥 별일 없느냐고 딴말만 했네

어디쯤 살고 있느냐고 물으려니
보지도 못하고 가지도 않을 걸
그냥 생각이 잠시 나서란 말로 안부만 했네

살다가 이렇게 그리운 날이면
그냥 잘 있느냐고 물어나 보는 걸

이렇게 못난 내 가슴
너무 가엾어서 눈물이 난다

회상

그대가 내 가슴에
걸어두고 간 그리움 하나
덩그러니
냉동이 치듯 실없는 고백
이제 와 소처럼 되새김질하니
고운 그리움 되어 철없는 가슴이 되네

다림질하는 세월 속에
그 옛날 순수하게 던진 물방울 같은 고운 고백

세상에 핀 꽃은 시드는데
내 가슴에 던지고 간 향기나는 고백은
고운 진주 알처럼 내 가슴에 박혀 있나 봐

지금도 가끔 노을 질 무렵이면
가득히 내 귓전을 흥분시키는
아름다운 고백 다시 듣고 싶은 말
정말 사랑해 죽을 만큼 사랑한다는
꿀 같고 감미로운 그 말

친구

한결같은 마음으로
든든하게 감동을 주는 사람

무엇을 해도
어여뻐 보이는 사람

욕을 해도 용서가 되는 사람
실수를 해도 덮어주고 싶은 사람

바로 그런 사람은 사랑하는 친구라는
세상에서 가장 허물없는 이름 때문이다

친구란
화가 난다고 버릴 수 없고
기쁠 때나 슬플 때나 생각나는 게 친구다

친구란
온 세상 사람이 나를 버려도
끝까지 나에게 돌아오는 게 친구다

동병상련

너와 난 바람의 연(緣)
공중에 떠있는 누각처럼

슬프디슬픈 연(緣)
과욕의 다리가
너와 내가 똑같이
갓을 쓴 꼭두각시 같아

차라리

진실 없는 친구는 사귀나 마나
희생 없는 사랑은 하나 마나
정저지와(井低之蛙) 같은 맘

그런데 왜?
원치 않는 연정은
마음에 씨앗처럼 가슴에 박혀
이방인처럼 서성이는가?

아~ 지나가는 길손과 같은 인연
차라리 무심한 세월이 꿈이었다면

바보 주머니

머리에 고드름 같은 울분이 콱 박혀
배신의 몸이 부르르 떨리는 시간에도
나는 우습게도 그 사람이 하나도 밉질 않았습니다

그런데 내 눈에선
강물 같은 눈물이 멈추질 않았습니다

나는 아마도 바보 주머니가
내 가슴에 수천 개가 달렸나 봅니다

사랑의 유통 기간을 만들며
배신과 거짓의 늪을 헤매는
불쌍한 인간들을 볼 때마다

혹여 억울하고 서러운 마음이 있어도
나는 내가 살기 위해 나와는 가슴이 다른
그 사람들을 조용히 마음 밖으로 내려놓았습니다

생각을 하면 실신할 만큼 화가 나지만
나도 내 모습 속에 그들과 다를 바 없기에
내 가슴 바보 주머니는 그를 용서하고 말았습니다

내가 주었던 사랑은 잊지가 쉬운데
받았던 사랑을 잃는 기능이 내겐 없는지
그래서 늘 내 인생은 눈물샘이 남보다 많이 있나 봅니다

참된 배포

가슴 따뜻하고 멋진
정치가나 사람이 그립구나

그 옛날
역적모의를 하다가
잡혀 온 대역 죄인을 용서한
이조 성조 임금의 배포와 멋이 아쉽다

수많은 나라님들이여
입맛 따라 멋을 좀 드시고
편안한 배설로 꽃을 가꿔 주소서

태평성대가 별거겠소
움켜진 권력으로 국민들을 사랑하고
따뜻한 가슴으로 아껴주면 되는 거지

청계천의 맑은 물이 흐르고
백두산의 등산로가 우리들의
둘레 길이 되길 바라고 젊은이의 노래가
대한민국의 숲 속을 이루고
늙은이의 미소가 하늘을 보면 되는 거지

미안함

꽃 향기에 취해
들길을 거닐다 보니
발밑에 밟힌 들풀 소리

당신은 모르시나요?
밟히면 아프답니다

때론 미안해도
목구멍이 포도청이라고

알게 모르게
밟고 밟히며
살아야 하는
미풍진 세상이구나

바람 소리에
부끄럽고
햇빛 속에 미안함
오늘은
왠지 가슴이 묵직하다

빈 마음이 되고파

이 세상 못 배운 사람이
시끄럽게 하는 게 아니다
잘못 배운 인간들이
항상 시끄럽고 힘들게 하지

시끄러운 세상사
빈 마음을 갖는다는 건
얼마나 편안하고 자유로운가
제 이름도 모르는 저 새들처럼
세상을 높이 나르면서
사랑으로 바라보고 싶은데

마음을 비운다는 것이
생인손 아리만큼 힘드니

울지마

울지마
니가 울면 내가 아파
난 아무것도 해줄 수가 없잖아

인생이 그런 거잖아
사랑했던 기억 하나면
우린 행복할 수 있잖아?

너도나도 울지 말자
웃으며 살아도 부족한 시간인데

울지마
니가 울면 내 가슴 아프잖아

난 니가 행복하면
나도 울지 않고 행복할 거야

| 5부 | 사람

사람

사람이 제일 무섭고
사람이 제일 편안해

내가 사람이니깐

하나님이 제일 무섭고
하나님이 제일 편안해

하나님만큼은 나를 다 아시니깐

모르겠습니다

모르겠습니다
얼마나 내 마음을 열고 살았는지
모르겠습니다
어떤 땐 내 마음을 열기나 했는지
내 마음을 혹여 너무 열지 않아
지쳐서 돌아선 사람이 있는지
아니면 혹여 너무 일찍 열어서
놀라는 사람이 있었는지
혹여 너무 많이 열어서 나 자신이 지쳐 버린 건지
모르겠습니다
사랑과 친구관계 모든 것이 다
꿰다가만 구슬 같습니다
단지 내가 알 수 있는 건
나는 사랑하고 싶고 행복하고 싶었는데
그리고 가끔 나를 아껴주는 마음이 넓은 사람을 만나
고 싶었는데
모르겠습니다
기도로도 채워지지 않을 때는
나는 어떤 마음으로 살아야 할지
모르겠습니다
아마도 죽음에 이르는 날에나
그 모든 마음의 수수께끼를 알게 될는지요,

진정한 사랑

가지마라 가지마라
이르시는 주님의 음성에
귀를 막고 못 들은 척했네

결국엔 찔리고 아픈 다음
주님의 마음을 알아들었네

나의 허물과 죄로 인해
십자가를 대신 지셨던

거룩하신 분의 눈물을
나의 눈물을 통해 깨달았네

우리를 조명하시고
영혼의 구석까지 쪼개 보시면서도

놀랍게도 버리지 않고
축복해 주시는 나의 하나님

그것이 진정
세상에 없는 사랑인 것을

후회

주님 제가 잘못 했어요
윤리도 도덕도 감히 자격이 없는 내가

사랑했던 사람을
사랑해준 사람을
소중했던 사람을
기도했던 사람을

작두로 찍어대며
아름답게 지키지 못했습니다

내가 꿈꾸려 하던 꿈이 아니라고
더러운 욕심의 노예가 되어 있었습니다

미천한 자격으로
감히 하늘을 우롱했습니다

나를 불쌍히 여기시고
내 몸의 가시를 뽑아 주소서

이대로 가슴의 평전을 주시고
하늘의 속삭임으로 나를 다듬어 주소서

하나님의 목적

천지는 하나님 그리신 그림
인생은 하나님이 쓰신 동화

우리를 서로 생각하게 만드셨고
내가 누구인지 깨닫게 만드셨고
가슴이 뛰며 사랑하게 만드셨고
꿈과 비전을 사모하게 만드셨고
용서하며 하나 되는 걸 알려 주셨고

그리고

숨쉬기 운동이 끝나면
우린 예비 된 천국에 가야지

사는날 동안

젊음도 어여쁜 것도 안 부럽고
명예도 부귀도 권력도 안 부럽다

단지 내가 부러운 건
니 눈동자 속에 들어있는
행복해하는 타인의 그림자
그리고 잘못을 용서하는 마음

감사

어젯밤 잘 자고
아침에 고운 햇빛을 보니 감사

내 작은 가슴에
고운 사람들이 있어 감사

마음의 절묘한 장을 만든
무지개 추억이 있어서 감사

고달프고 우울할 때
기도할 수 있어 감사

당신과 함께 한 날들이
내겐 봄날이었음을 기록하며

내 작은 가슴이
설레일 수 있는 감성이 있어 감사

아름다운 생각으로
마음의 수를 놓을 수 있어 감사

미움보다 사랑하는 법을
알게 해서 감사

이렇듯 살아 느낄 수 있음에
모든 게 감사할 따름입니다
이렇듯 감사가 행복일 줄이야

아버지

힘들고 슬플 때마다
나를 어루만져 주시는 주님

당신은 나에게
늘 인자하신 아버지

내 가슴에 평온을 주시는
행복의 안식처입니다

나를 고아 되게 마시고
탕자 같은 나를 거두어 주소서

잰걸음 속에 떠돌다
허무한 세상을 물어볼 때
하늘의 말씀으로 대답해 주시고

가슴의 내 작은 사랑이
따스한 메아리로 살게 하소서

주기 아까운 사랑

사람 사는 게
너도나도 거기서 거기

목청 높여 봐도
별로 나을 것도 없는데

니가 잘났니
내가 잘났니
난리도 아니네

가슴에 우월감과 열등감을
한꺼번에 만들어 놓고
빙빙 도는 세상인 걸

사랑이 끝나고 보니
당신에게 준 내 사랑이
너무 아깝고 쓸쓸 하구나

너와 나의 사랑
엇나가는 화법으로
허공에 두둥실 떠 있는
터져버리면 그만인 풍선 같아

바람 같은 인생아
허당 같은 사랑아
왔다가면 그만인 걸

그렇게도 주기 아까운 사랑이 될 줄이야
빙빙 도는 세상에서 내 어찌 알았으리

행방불명된 사랑

행방불명된 사랑아
행방불명된 마음아
어디 가서 너를 찾나

깊은 무덤으로 사라졌나
깊은 바닷속으로 빠졌나

사랑 때문에 비틀대는
아리아의 슬픈 음악이
가슴을 타고 흔들린다

너를 찾아
내 마음 네 마음 엮어서

눈부시게 아름다운 날
너와 내가 사랑의 열차를 타고

행복과 웃음을 비벼서
까마귀도 부러워하는
멋진 사랑을 하고 싶다

이제야 알았습니다

세상에서 가장 슬픈 건
말이 없이 이별 하는 걸
나는 이제야 알았습니다

사람도 노력 없이
내 사람이 될 수 없다는 걸
나는 이제야 알았습니다

헌신과 노력 없는 사랑은
언제나 이별이 기다린다는 것도
나는 이제야 알았습니다

혼자서는 움직일 수 없는 나무도
이별할 때는
천둥과 비바람 없이는 못 한다는 걸
나는 이제야 알았습니다

사람도 누군가의 이간질로
아프게 이별하는 것도 있다는 걸
나는 이제야 알았습니다

생각할 줄 알고
움직일 줄 안다는 나는
바람에 견디는 나무만도 못하다는 걸
나는 이제야 알았습니다

지금껏 자유로운 나는
삶의 절름발이가 되어 있다는 걸
슬프게도 나는 이제야 알았습니다

| 6부 |　밤 줍는 날

밤 줍는 날

후드륵~툭툭
바람이 휙~지나면
밤 떨어지는 소리가
어쩌면 이리도 행복할까?

후드득~~툭~~
바람이 휙~스르르
행복한 행진곡 같아라

나도 달려가고
밤도 힘껏 둥글고
바람도 합류하면서
신 나는 행진곡이 펼쳐지네

밤아 떨어져라
내 발아 달려라
이마에서 흐르는 땀
입속으로 들어가는 짭짤한 맛이
오늘은 아랑곳없이 초콜릿 맛 같아

세상살이가
내 기쁜 영혼이
늘 밤 줍는 시간만 같았으면

세상 잡념이 하나도 생각 없이
잡아도 행복한 듯 놓여도 행복한
사랑놀이만큼 행복한 시간이어라

행복한 이 거리

그대와 함께 걷는
이 거리
그대가 있어
이 거리가 아름다워요

그대와 함께 걷는
이 거리
그대와 함께라서 행복해요

그대가 내 귓가에
행복한 속삭임은
나를 어린아이로 만들죠

그대
언제까지 사랑하며
가끔씩 이 거리를 함께 걷는 행복을
영원히 놓치고 싶지 않아요

세월 속에
혹여 우리들의 사랑이 변하여도
우리 이 거리는 영원히 잊지 말아요

당신의 속삭임은 영원히
내 가슴에 남아 별이 될 것 같아요
행복한 이 거리
사랑을 키워주는 이 거리

외로운 날

외로워서
혼자 버스를 타고

타던 데서 다시 돌아
하차하는 내 발걸음이

오늘따라
무척이나 불쌍하여라

하나님 나의 하나님
정겨운 친구를 하나 주세요

몇 번이고 되뇌어도
벌판 같은 가슴은 대답 대신

자욱한 연기로
숨이 막히고 자지러지는 시간

공연히 뜻 모를
한숨이 금방 이슬이 되고

이런 날이면
누구라도 만나 호탕하게 웃고 싶은데

아무도
만날 사람이 없어

형제 친구 사랑 우정
수 없이 늘비하게 있어도

진열장에 사치인 양
단 한 사람의 친구가 없구나

구름도 바람도
놀아 주지 않는

이런 날이면
늘 내 영혼은 방황을 한다

슬프게 아주 슬프게
하나님과의 물음표도 없이

그리움

높은 저 하늘엔 조각구름 있는데
내 님 생각에 가까이 더 가까이 꽃에 다가갑니다

꽃잎에 새겨진 무늬는
당신 이름처럼 보이구요
꽃잎에 신비한 모양은 당신 모습 닮았네요

바람에 스치는 꽃은
님 올 것처럼 흔들리고
뿌려지는 향기는 온통 그립기만 합니다

저기 저 꽃 구름 타고 오시려나
사랑하는 마음만 가득합니다

인생

백사장에서 모래를 갖고 놀던 “사랑”

위로 손을 올리니 손가락 사이로
모래알이 흘러내릴 때 “이별인가”

내려오는 모래알을 막아보려는 “미련”
다행스럽게 손바닥에 묻은 모래알의 “그리움”

집에 돌아와 손바닥 모래알을
탁탁 털고 씻을 때 손바닥에 묻어있던
모래가 갑자기 금빛으로 빛나니 이것이 “추억”

누군가의 비유를 말한 글속에
나는 오늘 가슴을 가만히 더듬어 본다

인생은 이렇듯
슬프고 허무하게 흘러가는 걸

비 내리는 오후

비 내리는 조용한 오후
커피 향과 빗소리를 듣고 있으려니

갑자기 가슴이 뭉클하다
잊은 줄 알았던 그 사람이

아직도 내 가슴 귀퉁이에
숨겨져 있었나 보다

이런 날이면 도란도란
고궁 처마 밑에 앉아 주고받던

정겨웠던 그 시간이
못내 그리워 어느새

커피 향에 눈물이 고여
빗방울처럼 흘러내리네

어느 하늘 아래
혹여 그 사람도

그때 정겨웠던
우정을 기억할까

이런 날이면 어김없이
생각나는 그리운 사람아

마음에 외출

찌들고 답답한 마음속에
글쎄?
나는 가끔
마음에 외출을 한다

힘들고 외로울 때도
나는 마음의 외출을 한다

관계에 행복을
추구하면서

나는 오늘도 마음에
외출을 한다

이것이 내 인생에
원동력이 될 수 있을까?

오늘도 내 마음을
비추는 거울이 있다면

뱃속에 똥보다
나는 더 더러울 것 같다

순수성을 외면하며
나는 가끔 마음의 외출을 한다
순간순간
그것으로 인해
살아 있다는 짜릿한 쾌감 속에
나는 가끔 마음을 외출을 한다

순간에 내 마음의 외출이
마음에 봄이 되는 듯하다니
부끄러운 가슴이 이래도 되는가
그러면서도 나는 늘 마음의 외출을 한다

싸이 나그네

휘리릭~오늘도
싸이라는 숲을
헤치며

내 어찌
나그네 되어
길 다니다 보니
귀인도 만날 겸세
이러쿵저러쿵
들라쿵 거리며

둘보다
조금 나은
우리들의 마음속

살며시 엿 보며
아~
이 마음
나그네 같구나

그 속에
이 손에 감촉을
밀어 넣을 수만 있다면
그것으로 나는 만족하련만

도마뱀처럼 움직이는 마우스에

맑고 수줍은 향기를 찾아
오늘도 헤매는 나는 싸이 나그네

詩人의 가슴은

내가 詩를 쓸 수 있다는 건
나를 사랑했던 사람들이 있기 때문이다

내 가슴이 메마르지 않다는 건
네게 준 당신들의 사랑을 잊지 못함이야

그것만으로도
나는 충분히 幸福한 사람이다

내가 詩 한 줄을 외울 수 있다는 건
당신들이 남기고 떠난 고운 그리움이고

추억을 만들어준 당신들 때문에
충분히 살아 있는 의미가 있다는 것이다

詩人은 사랑하는 가슴 하나면
죽는 날 까지 幸福을 나열 할 수 있으니,

나를 떠난 그대가 있어도
詩人은 그대들이 머물다간 흔적 속에도
서러워 아픈 가슴을 핥으며 허기를 채우지만
詩人의 가슴은 당신들 때문에

사랑앓이로 가슴에 노래를 담으면서
순수의 가슴으로
따듯하게 수를 놓으며 살아간다

詩人은 그래서
詩 詩한 人間인가 보다

만물의 영장

인생이 살면
몇 천 년 사는 것도 아닌데

뭬 그리 맺힌 맘
움켜쥐고 놓지 못하나

훌훌 털어 버리고
지는 해를 바라보자

어정쩡하다 보면
호호백발이 금방인 걸

그래도 한 줌의 가슴은
사랑을 담고 살아야 하지 않소

하찮은 미물도
사랑 앞엔 춤을 춘다는데

만물의 영장인 우리가
어찌 미물의 가슴에다 비하랴

우린 이래 봬도
만물의 영장이 아닌가

| 7부 | 착각

착각

이 세상은 착각 속에 산다
잘해 주면 저 잘나 잘해 준다 착각
조금 못 해주면
미워한다고 착각

좋은 사람을 나쁜 사람으로 착각
나쁜 사람을 좋은 사람으로 착각

친절하면 좋아한다고 착각
불친절하면 교만하다고 착각

자기 잣대로 남을 판단하고
착각 속에 빠지는 소인배들 때문에

세상은 정말 힘들고
착하게 살아가기도 어렵구나

세상 참 착각 속에
환장하겠네

가을맞이

가을은 귀뚜라미 소리와 함께
서서히 바람을 몰고 오고 있다

그리움의 소리로
살갗의 스치는 서늘함으로

찌는듯한 여름을 이기고
파란 가을 하늘에 뭉게구름 수를 놓는다

고추잠자리가
제 세상을 만나듯 신 나게 날고

부지런한 녹색 잎은
서서히 원색 재단에 들어간다

아~나는 이 가을을
어떻게 맞이하며 수를 놓을까

빗나간 마음들을 다시 돌려
우리가 서로 사랑했을 때처럼
고운 낙엽을 함께 바라볼 수 있다면 좋겠다

가을 하늘

저기 길가에
저기 내 눈앞에
당신이 집배인처럼 오네

영혼을 함께 한다 해도
마다할 수 없는 그대 얼굴

순수로 물든 하늘
늘 푸르게 펼치고
쪽빛 하늘 뭉게구름 속에

행복을 들고 오는
내 님 드리워진 가을 하늘

누군가와

오늘따라 누군가를
더욱 사랑하고 싶은 날

누군가와
마음이 통하는 사람과
밤이 새도록
도란도란 이야기하고 싶다

내가 슬픈 얘기를 하면
촉촉한 눈길로 내 얘기를 들어주고
내가 기쁜 얘기를 하면
내 볼을 터치해 주며 그윽한 눈길을 주던

가슴 따뜻한 사람과
밤이 새도록 마주 보며 이야기하고 싶다

참으면 병이 될 것 같은
고독하고 허허로운 이런 날

창밖에 하늘이 보이고
숲이 보이는 아늑한 공간에서

내 마음을 들어주고
도란도란 사랑을 나누는
누군가와 함께 이야기하고 싶다

아무래도 내 곁에 남모르게
봄이 살그머니 다가오고 있나 보다

나 태양이고 싶어라

나 그대를 마음에
사랑받는 태양이고 싶어라
누구에게나 빛이 되는 태양이고 싶어라

가끔은 천둥에게 양보하고
먹구름에게 양보하고 비바람에게 양보하는
그런 멋진 태양이고 싶어라

또다시 떠오를 적엔
그들에 마음에 눈부심으로 감동을 주는
크나큰 태양이고 싶어라

내가 없이는 살 수 없다고
그대들의 외침 속에 사랑을 뿜어대는
나 감히 그대들 가슴에 태양이고 싶어라

혹여
비바람과 먹구름의 심술에도

살짝이 숨기였다 다시 떠오르는
그대들의 가슴에 태양이고 싶어라

온전케 하는 하나님의 진리 앞에
마음에 빛을 황홀하게 비추는
나는 아름다운 태양이고 싶어라

그래라

외롭다 말하면
믿음이 부족하다 하겠지

슬프다 말하면
배부른 소리라 하겠지

아프다 말하면
엄살이라고 하겠지

그래라
나불댄들 향기날 것 아니고

니들이
내 벗님 될 것 아닌데

어차피
내 친구는 무릎 꿇고 만나는
아늑한 골방에서 보면 될걸

바닷 바람이 알려준 추억

다시 오지 않을 추억이지만
마음이란 넘은 고집이 센가 보다

지 멋대로 버리지도 않고
자물쇠로 채워 추억을 안고 있으니

그 사람
먼 곳에서 소식을 전한다
바닷가를 거닐려니 추억이 생각난다며

게흙이 발에 밟힌단다
나이테만큼 해묵은 갯바위가 보인단다
캄캄한 바닷가에
홀로 걷는다며 추억을 보내온다

지평선 속에 깃발이 보인다며
그 속에 그리운 얼굴이 펄럭인단다

발밑엔 아스라이 게 발자국이
감촉 있게 느껴진다면서 추억을 전해 온다
하나님의 중심점과 땅의 중심점을

논하는 그 사람 마음이 많이 쓸쓸해 보인다
캄캄한 밤에 게도 흙도 보이질 않을 텐데
아무래도 바닷가에서 그 사람 마음이 외로웠나 보다

많은 세월 속에도
그 사람 마음 내 마음 엮어 행복했던
추억을 잊지 못해 고운 그리움으로 전해오네

오늘따라 살아 있음이 행복하다
이 땅에 좋은 친구가 함께 산다는 게

라일락 향기

라일락 향기가
내 코끝을 자극하는 오후

화창한 봄날의 한낮
폭풍처럼 밀려오는 그리움

굳이 그대라 정하지 않아도
누군가 아련하게 보고 싶은 시간

저리도
구름 한 점 없이 맑은 날

온 대지가 꽃향기로
이불처럼 덮여 있구나

이 보잘것없는 영혼이
저리도 진한 향기에 취하여

내 가슴의
세월의 테를 벗어나

다시 내 삶에
씨앗을 뿌리고 싶다

많이 보고 싶어

나 죽기 전에
낙엽이라도 되어
그대 한번 만나고 싶어
함께 도시락을 먹던 옹달샘 옆에서

나 죽기 전에 별빛 한 줌 담아서
그대 가슴 내 가슴 이어 주는 다리 만들어
당신의 마음을 만나러 가고 싶어
그 길이 험하다 해도 지금 내 마음은

그대 고운 바람이 되어
당신의 가슴에 고운 노을이 되고 싶어
나 죽기 전에 서러운 마음 담아
아쉬운 정 굽이굽이 나누며
나 그대 그리워 우는 눈물로
봄날의 가랑비처럼 그대 가슴에 적시고
그대 마음 내 마음 포개고 싶어
많이 보고 싶은 사람아

개똥

길을 걷다가
눈은 어디다 두고

개똥을 밟았네

땅거미 질 무렵이라
개똥이 조약돌같이 보였나

더럽고 고약한 냄새에
화가 머리끝까지 치미네

좀 더 잘 보고 걸을 걸

개똥을 밟은
내 덤벙 됨이 실수지만

길에다 똥을 싸고 다니는
개새끼가 너무 얄미웠습니다

세상사
개똥 같은 사람 때문에
화나는 일이 없었으면

| 8부 | 6 · 25

6 · 25

아직도 갈라진 분단의
아픔 6월 25일

어떤 어린아이는
6 · 25가 뭔 날인지도 모르는데

지구 저편에선
배고파 울다 죽어가는 생명

오늘 교회선
아픔을 상기하자며

은박지에 싼
주먹밥을 나눠 먹었다

주먹밥 속엔
맛있는 묵은 김치 참치살 맛

도대체 우린
무엇을 생각하며
무엇을
먹는단 말인가?

아직도 하나님은
태풍과 함께 울고 계시는데

급수있는 세상사

슬프다
사람이 급수가
왠 말인고?

장애자도 급수가 있고
멀쩡한 인간도 급수가 있다네

생각에도 사랑에도
급수가 있는 세상사라니

인간들이 자연을 파괴해
물과 산도 급수로 만들어 놨으니
어디를 가야 급수 없는 세상일꼬

푼수도 팔푼이도
급수는 따라 있다니

산들도 나무들도
자연에도 급수가 있는 세상

하늘과 땅 위에
급수있는 세상 물결 속에
오늘도 허덕이면서 길을 간다

어쩌다가

꿈에도 잊지 못할 사람
그리운 모습 가슴에 묻고
둘레길 숲 속을 걷는다

숲 향기에 빠져들고
가슴엔 눈물이 고인다

바람 소리에
묻어두고 하지 못한 말들이
아프게 흩어져 초라하게 흔들린다

어쩌다가 내 마음이
여기까지 왔단 말인가?

멀리 있는 그대를
약속한 마음으로
발꿈치에 꾹꾹 눌러도

어느새 내 눈가에 서린
촉촉한 안개로 숲이 출렁이며 눕는다

그랬었는데

곱게만 사랑하고 싶었는데
혼자만 사랑하고 싶었는데
너만을 사랑하고 싶었는데
영원히 사랑하고 싶었는데
죽도록 사랑하고 싶었는데

그리고
그 사람도 나를
이렇게 사랑해 주길 바랐는데

그랬었는데
정말 그랬었는데

세상의 모든 것이
사람의 모든 맘이
내가 모르는 수수께끼 같애

니 맘 알아

니 맘 알아
그래도 사람 사는 길
서로의 "도"에 갈래 길이 있단다

니 맘 알아
모두 외로운 게 인생이란다
그래도 외롭다고 함부로 살 순 없잖아

아무것도 해줄 수 없는 내가
너무 속상하고 마음이 아프다

니가 주는 사랑 갚지 못해도
넉넉한 곳에 감춰놓고 간직할게

햇빛 좋은 날 비가 오는 날
커피잔 속에 너를 기억할게

니 맘 알아
이렇듯 우린 모두
흔들리며 사는 게 인생인걸

우리 서로 아름답게
가던 길에 고운수를 놓으며 살자꾸나

잊는다는 건

아무리 미워졌어도
한때 사랑했던 사람이라면
아주 잊혀진다는 건 불가능한 일

억지로 잊은 듯하다가도
아주 작고 사소한 일에도
사랑했던 추억은
알싸한 기억으로
늘 가슴에 숨어 있다

만약 당신이 나를 잊었다면
당신은 나를 진정 조금치도
사랑하지 않았었다

잊는다는 건
바로 그런 것이다

버릴꺼야

보이지 않는 복음을
알지 못하는 언어로 전하는
타국에 선교사들처럼
내 마음을 알아듣지 못하는
너에게 애걸복걸 한 건
널 잃기 싫어서지
정말 푼수라 그런 건 아냐
내가 널 못 잊어 그런 건 더더욱 아냐
외로운 니가 불쌍하고
널 잃기 싫어서지
내가 바보여서가 아냐
그걸 모르는 널
이젠 내 마음의 갈피에서
꺼내어 강가에 버릴 거야
널 잃고 싶지 않았는데
니가 날 바보로 알까봐
저 멀리 생각나지 않게 버릴 거야

아지랑이 사랑

나 그대 사랑하기 때문에
죽어도 행복했었다 말할래

너를 사랑하기에
용서하고 싶고 이해하고 싶어

그리움으로 얼룩진 능소화처럼
가슴 설레는 고운 사랑으로 살고파

헝클어진 마음을 달래며
고요히 그대를 가슴에 담고 싶어
내 생에 좀 더 당신을
아껴 주지 못했던 것이 아쉽지만

이 세상 사는 동안
당신의 사랑을 받으면서 살았던 때가
내겐 가장 황홀하고 멋진 세월이었어

이제 그대 가슴에
아지랑이 사랑으로 피고 싶은데
고목 같은 내 몸뚱아리가
세월 속에 이별의 달음질을 하니

이느뭬 세월
노끈으로 꽁꽁 묶어놓고 싶어라

난

난 오늘도 삶 속에
사람을 만난다

이런 사람 저런 사람

난 오늘도 이성과
감성이 죽자 살자 싸운다

망할 놈의 이성에 밟혀
감성이 소리치며 죽는구나

몰상식한 인간이
상식적으로 바뀌는 날
가슴은 아프다고 울어대니

아~상식이 세상을
다 이끌어 가는 것만은 아닌데

계산대에 있는
가슴은 무식한가 셈을 못하니

그래도 나는 머리보다
가슴이 뛰고 좋아하는 것을 하고 싶다

셈을 못하는 내 가슴은
생각의 때를 모르는 바보를 닮았나 보다

오늘도 그냥 밥을 먹는다
그리고 곧바로 배설을 하겠지

너는

너는
마음을 낚는 어부

오늘도
신작로를 건너
너를 만나러
내 영혼이 달음질하네

생의 여한 없이
너에게 낚여서
자연 속에 삶으로
번민을 접고 싶다

| 9부 | 부부이력서

부부 이력서

수많은 세월 속에
당신이 함께 있어 행복했다고
큰 소리로 떠들며 말할 순 없지만
그래도 든든한 울타리와
넉넉한 바람막이가 되어 준 고운 당신

가끔은 옹졸한 내 마음이
때론 당신이 족쇄같이 느껴져
힘들고 버거울 때도 있었소

가끔은 한 보름쯤
당신의 부재중이
내 바람이고 소원일 때도 있었소

당신과의 인생이
내 맘은 늘 물레방아 같았죠

고맙고 이쁘다가
또 때론 밉고 섭섭할 때도 있었으니

그렇게 긴 세월을
우린 티격태격하면서
또 울고 웃고 사랑하면서 살았죠

우리 저승길 갈 때도 함께 가면 좋겠다고
손잡고 약속할 때도 있었죠

그래도 난 조금 먼저
당신을 앞서 보내고 싶소

내가 겪을 이별의
또 아픔이 너무 힘들겠지만

그래야 남은 설거지랑
당신과의 삶을 페이지를 곱게 정리해 놓고 가죠

그럭저럭 함께 걸어온 부부인연에
노을진 삶 속에 태산같이 할 말도 많겠지만

불평했던 시간과 만족했던 시간으로
우리 이제 비기면서 멋진 생각만
계산하고 갑시다

하늘에 낼 이력서나 준비하면서
남은 삶 곱게 물든 석양처럼 아름답게 삽시다

그래도 우리 부부는
세상에서 약속을 지키고 살아온
멋진 부부가 아닐는지요

우리 하나님 앞에 갈 때
서로가 훌륭하고 멋진 이력서를 냅시다

그대가 있어 이렇게 좋은데

그대가 있어
나는 이렇게 좋은데
내가 니 때문에
못 살겠다 앙탈의 말을 해도

그대가 있어
나는 이렇게 좋은데
그대가 나를 못났다고
씨알같이 나무라고 화를 내도

그대가 있어
나는 이렇게 좋은데

풋 정의 조각이라도
빛바랜 추억이라도
식어버린 열정이라도
그대가 있어
나는 이렇게 좋은데

저 밑바닥에 고여 있는
숨겨진 속 정 때문인가?
그대만 행복하다면

앞뒤 없이 나 그냥 사랑하리
나를 나라는 걸
알려주고 사랑해줬던 그대여
혹여 당신 눈에
감성적 이슬 한 방울 보여지면
아무 것도 그대에게 바라지 않으리

그런 그대가 있어
나는 이렇게 좋은데
덤벙대고 징징대도
곱살 맞게 챙겨주는
그런 그대가 있어
나는 이렇게 좋은데
행여 그대 나를 두고 가지 마오
그런 그대 없이는 세상이 힘들 것 같아

내가 좋아하는 사람은

내가 좋아하는 사람은
겉으론 볼품이 없어도

상대의 마음을
잘 읽을 줄 아는
예민한 사람이 좋다

가끔은 여행을 할 줄 알고
자연을 느낄 줄 아는 사람이 좋다

아름다운 것을 보면
자상하게 표현할 줄 아는
센치하며 낭만적인 사람이 좋다

내가 좋아하는 사람은
좋아하는 음악을 함께 들을 줄 알고

갖은 게 없어도
비굴하지 않은 사람이 좋다

특히 남을 용서할 줄 알며
거짓말을 하지 않는 정직한 사람이 좋다
남의 잘못을 들추지 않으며
작은 칭찬도 아끼지 않는 사람이 좋다

내가 좋아하는 사람은
작은 개그에도 밝게 웃으며

나를 사랑한다는 말을 아끼지 않는
그런 사람이 좋다
내가 좋아하는 사람은
늘 나를 믿어주고 아껴주며

가끔은 나의 어리광 섞인
작은 억지도 모르는 척
속아주며 달래주는 사람이 좋다

늘 내게 위안이 되며
때론 친구로 때론 애인으로
때론 아빠 같은 든든함으로

이렇듯 내가 좋아하는 사람의
바램은 지극히 작은 것인데

난 오늘도 이 소원을 놓고 기도한다.

연민

지지고 볶고 싸워봤자
무엇하나 얻은 것 없이
부끄러운 마음만 들켰으니

바람 속 장난 앞에
서툰 분노는 내 몫이 아닌 걸

계절이 오고 가듯
인생도 이렇게 오고 가는데

오늘 같은 날만 만들면
함박웃음 못 웃을 리 없는데

어찌 짧은 세상
늘 후회의 범벅 속에 사는지

용을 써봤자
순리대로 흐르는 인생의 속도 앞에

몰라라 이 마음
깊어만 가는 속 빠진 연민

낸들 어쩌란 말이냐
살랑대는 가슴이 시키는 걸

인생 숙제

세상엔 내 것은 없다
자식도 부부도 형제도
물질까지도 내 것은 아니다
친구도 애인도 다
내 것 인양 믿고 또 믿어도

때가 되면 언제고
등 돌리고 가는 게 사람이다

그렇게 사람은
믿을 게 못되지만

어차피 인생은
홀로 왔다 홀로 가는 걸

허긴 내 마음도
내 생각대로 안 되는데

이렇듯 하늘의 숙제를
힘들게 풀며 사는 게 인생이구나

당신 앞에서

당신 앞에선
난 어린아이가 되고 싶고

당신 앞에선
난 수줍은 여인이고 싶고

당신 앞에선
난 순한 양이고 싶고

당신 앞에선
난 천사를 닮은 여인이고 싶고

그러구 싶었는데

사랑한다는 건
사람의 마음을 바람으로 만든다

꽃에 놀면 꽃 바람
빗속에 놀면 비바람
강가에서 놀면 강바람

그런데 나는 당신과 함께 놀면
무슨 바람일까?
사랑과 행복의 고운 바람이
나는 되고 싶은데

절대로 바람은 한 곳에
머물지 못하는 바람둥이니
수많은 아픔과 깨달음을 놓고
뒷모습도 보이지 않는 야속한 바람아

가슴 쓰라림이 있어도
당신 앞에선 멋진 여인이고 싶었는데
그러구 싶었는데

슬픈 마음

어제는
비가 오니 마음이 슬프더니

오늘은
하늘이 너무 아름다워 슬프구나

온 천지에
봄바람은 코끝을 훑어대는데

여러 날 동안
옆구리가 아픈 게 낫지도 않고

곰탱이 같은 내 임은
정겨운 말 한마디도 없으니

올 것은 온다

근심을 해도
올 것은 올 것이고

걱정을 해도
갈 것은 갈 것이다

만남과 이별
행복과 불행
사랑과 미움
모두가 함께 하는

인생 속
형제인 걸

꽃이 피고 지고
계절이 오고 가는
세월과 자연을 보거라

우리네 삶
인생의 꼭짓점까지
복습의 연속인 걸

내 마음 어쩌라고
님의 그림자 업고
텅 빈 가슴이 자꾸만 보채나

어떻게 잊으래

숱한 추억을 뿌려놓고 어떻게 잊으래
헤어지지 말자고 손가락을 걸고 약속해 놓고
어떻게 잊으래
무슨 일이 있어도 안 버린다고 맹세해 놓고
어떻게 잊으래
봄이 오고 여름이 가고 가을이 왔는데
너의 약속 어디로 몰고 가고
나 혼자 그리움만 심어놓고 어떻게 잊으래

외출

미장원에 들러
화장을 하고
주섬주섬
옷을 입고 외출을 한다

폴짝폴짝
뛰어가고 싶은
그런 사람을 만나러
가는 것도 아니련만

이 나이에 외출은
그냥 좋고 설레인다

| 10부 | 외로운 밤

외로운 밤

나는 밤마다 슬픈
사랑의 노래를 부른다

툇마루에 걸터 앉아
별을 쳐다본다

별 하나 외로움 하나
셈을 하면서

어둑한 땅거미가 지면
멈추지 않는 고독이 흐르니

하나님
나를 이렇게 지으셨나요

요부도 아니고
집시도 아닌데
가시나무 새처럼
있지도 않은 사랑을
날마다 기다립니다

나는 밤이 되면 늘 외롭다.

우울증

외로운 마음
외로운 하루
억 겹의 생채기 속에
오늘도 후회의 한숨이 나네

책을 봐도
맛있는 걸 먹어도
친구와 산책을 해도
멍한 머릿속이 텅 빈 것 같아

누가 뭐라지 않아도
서럽고 눈물이 자꾸만 나네

다시는 이 길을 걷지 말자
너무 힘들고 너무 아파서

어쩌다
이 외로운 길에
내가 서성이고 있단 말인가

하늘이여 하늘이여
방황의 계곡에서 내가 헤쳐 나오게 하시고

대가리 속에 마귀를
족집게로 찝어 패대기쳐 주소서

아름다운 이름 당신

당신 없이
내 어찌 살겠소

부귀영화가
무슨 소용이요

사는데
주고받는 사랑보다

아름답고
행복한 게 뭬 있겠소

새들도 빈 둥지보다
사랑이 좋아 짹짹 되는데

당신 없는 뒷날은
생각도 하기 싫으니

부디 당신 건강하여
내 삶의 길동무가 되어주오

저 하늘 갈적에도
함께 가면 좋겠는데

사는 날 동안
고운 가슴으로 사랑하며

세상이 만든
아름다운 단어들로

우리들 가슴에
수를 놓는 사람만 합시다

당신 이름이
내 가슴에 누어버린
아름다운 나의 사랑이여

너와 나의 속삭임

청산에 노니다 오니
이리도 좋은 걸 해거름에
밭갈이하고 오는 님처럼
당신을 반기고 싶은데
사람이 만든 견우직녀 다리가
철조망처럼 놓여 있으니
혹여 꿈속에라도
그대 못 나뉜 얘기 들려주구려
가을 문턱에
당신의 옷 걸어두리다.

가는 길에 밤 공기가
차갑게 느껴지거들랑
나는 님의 이름 살포시 부르리다
들리거든
가슴에 옷깃이라도 덮어주오.

언제고 당신이 부르면
나 바람의 혼백 되어
당신의 곁에 머물리라

내 발길을 멈추게 하니
그 꽃이 당신이라 쳐다보고 말하니
사랑한다 말이나 고이 전하고 싶구려

그대 고운 사랑에 취해
백발이면 어떠하리
꽃도 바람도 머물며
우리 사랑 부러워하는데

허망한 약속

꺾인 시간 속에
인생은 눈물인가보다

손잡고 꼭 걸어보자던
당신의 약속

석양이 물든 그루터기가 저기인데
그토록 철없는 약속 뱉어 놓고

웃음 접은
고집의 눈물 놓고 간 이유가

정녕 준비된 이별이었나
아니면 당신의 거짓이었나

돌멩이처럼 툭 던지고 간
당신의 허망한 약속

지키지 못한 아쉬움의
허망한 생각이 나서

가슴 구석 숨겨둔
서운함이 수시로 생각이 난다

나비

한때는 가슴으로
그 사람을 자기라 불렀다

지금은 그를
나비라 부르고 싶다

내 마음속 나비는
영원히 죽지 않으리

너를 위하여
언제나 꽃이 되고 싶다

나풀나풀
나는 모습 속에

그윽한 향기로
영원히 너를 유혹하고 싶다

해가 지고 달빛 속에서도
내 가는 눈은 너를 찾는다

꽃잎과 꽃술처럼
우린 포개진 가슴이 되어

상처 난 마음 접어
마음 뒷켠에 파묻고 싶다

잊지 마오

달빛에 그리운 모습
가슴에 담아 묻어놨다가

수시로 그리워지면
니 마음 내 마음 휘휘 저어

사닥다리 같은
징검다리를 건너
내 가슴 별을 찾아 건너가네

아무도 없는 무덤 같은 곳에
몰래 접은 내 마음 놓고 오니

너의 흩어진 그림자 속에
텅 빈 가슴 안고 올 때마다

그대여 내 발자국 기억하며
못난 멍탱이의 가슴 잊지 마오

모순

영웅이라도
속이 상하면 한 번쯤 모순을 생각한다

호걸이라도
몸이 아프면 한 번쯤 모순을 생각한다

기분이 상하면 힘들고
기분이 좋으면 행복하다
살면서 두 기분을 믹서 할 줄 모르니

사랑하는 사람의 말은
잘못된 말이라도 고운 음악 같고

미워하는 사람의 말은
유익한 말이라도 꽹과리 소리 같으니

생각의 모순 속에
인생이 흘러가고 있다

모름지기 나는

아프도록 그리운 이여
릴케의 아름다운 사랑이 부럽다

오늘처럼 햇빛 찬란한 그늘에서
고요히 기도로 가슴을 눌러봐도

한낮의 꽃의 향기가
당신의 향기로 다가오니

내 허약한 마음으론
요동치는 가슴을 달랠 길 없네

감당할 수 없는 감성을
하나 둘 셋 숨 고르기 속에 나를 가둔다

모름지기 나는
사랑할 수 뿐이 없는 인간인 것을

허공 속의 당신은
늘 나를 외롭게 만든다

하얀 날개

기억 속 하얀 날개가
오늘도 방랑객이 되었네

반딧불이 되어
그대 창가에 앉아 보면
나 왔다 간 것을 알려나

바람이 되어
창문을 두드리면
나 왔다 간 것을 알려나

그리운 내 눈물이
아침 이슬이 되어

빗장문에 또르르 구르면
나 왔다 간 것을 알려나

기억의 날개가
오늘도 그리움으로

당신의 창가
처마 밑에서 서성인다

초승달

초승달 호미로
초가에 박씨를 심어
저녁마다
달빛으로 애무해
달을 닮은 박을
키웠습니다.
박이 커가듯
내 가슴에 숨겨진 그리움도
남모르게 자랐습니다

박이 영글어 딸 때쯤이면
나의 그리움도 따서
달빛 속에
그대 발자국 수놓아
도란도란 따뜻한 사랑
초승달 끝에 걸어두고 싶어

| 11부 | 당신 생각

당신 생각

당신이 보고 싶어
밤새 몸살을 했죠

아쉬워서도 아니고
함께 하고 싶어서도 아닙니다

단지 잊혀지지 않는 기억 때문에
당신이 보고 싶어 밤새 하얀 밤이 됐죠

단조로운 내 생활에서
당신과의 추억이 못내 잊혀지질 않습니다

아마도 사람을 향한 그리움이
당신의 생각으로 전개되었나 봅니다

로뎀나무

로뎀나무 그늘 아래서
가만히 사랑을 배운다

길섶에 내 마음
버리고 간 서운함도

참아야 함이
사랑인 것을

저민 걸음 쉬었다가는
로뎀나무 그늘 아래서

우리 소박한 마음 담아
천천히 사랑의 속삭임으로

하늘의 백성들이
흐놀다 가고 싶은 곳

소나무 갈나무
그 어느 나무보다
가장 좋은 연신교회 로뎀나무

흐르는 세월아

아무리 발버둥쳐도
세월 앞엔 장사 없으니

바람아 구름아
스쳐 가는 인연으로

내 삶에
고운 간증이나 되어주렴

아~ 이것이 아닌데 할 땐
세월은 하마 저만큼에서

나를 비웃고 있으니
바람과 계절은 어제나 오늘이나
한결같이 무심히 흘러가는데

이 바보는
귀가 있는데도
세월의 바람 소리 듣지 못하나

영리한 체 하든 뭘 해
바람 앞엔 사랑 앞엔

늘
눈물짓고
어린애 같고 바보 같은 걸

인간의 우매함이
과연 어디까지일까

너와 내가 걷던 길

너와 내가 걷던 그 길
지금은 누가 거닐고 있을까

누군가 우리처럼
손을 잡고 변치 말자 약속하며

아름다운 그 길을
내 길 인양 걷고 있겠지

그들도 먼 훗날 나처럼
그 길을 되돌아보며 생각할까

이렇게 살고 싶습니다

작은 먼지보다는
작은 꽃씨가 되고 싶습니다

뾰족이 모난 돌보다는
둥근 조약돌이 되고 싶습니다

배부른 자의 고급 음식보다는
배고픈 자의 주먹밥이 되고 싶습니다

화려한 장미꽃보단
길가에 홀로 핀 들꽃을 사랑하고 싶습니다

내 것이 아닌 것을 탐내기보다
내가 가진 것에 만족하며 살고 싶습니다

언제나 나 있는 환경에서
참 행복과 감사로 살고 싶습니다

모기

난 아무것도 원하지 않았다
난 아무것도 바라지 않았다
난 아무것도 해하지 않았다

단지 좋아하고
사랑했을 뿐인데

그런데 그 사람들은
그것이 나쁘다고 쫓아버렸다

세상은 어렵다
사랑도 어렵다
아무것도 원하지 않고
순수하게 사랑해도 죄가 되나 보다

그렇게 모기는 가을이 무서워
훨훨 말없이 울면서 떠나갔다

아프더라도 병이 나도
가만히 모르는 척 안기워 줄 걸 그랬나?

사랑은 때때로

사랑은 때때로
미치도록 미워하는 것도 사랑이다

사랑은 때때로
요물처럼 발광을 하니깐

그래도 그느뭬 사랑 없으면
지구가 멸망하는 것 같이 슬프다

여보게

여보게 사랑하는 내 친구야
토닥거릴 동무가 있다는 게 부럽잖소

겉으론 지겹다 생각해도
문풍지 바람 이는 겨울날을 생각해 봤슈

지겹게 토악질하며 싸워도
사랑이란 단어 하나만 들어 있다면

무조건 감사하시게
사람이 많은 듯해도 없는 게 사람이라오

당신 좋다는 사람 많아
서로 질투하며 가지려 할 때가 금값이요

당신의 삶 시시콜콜 참견한다 타박 마오
사랑 없인 그런 짓도 못하는 게 사람 사이니

인생 저물면 사랑의 토악도 없어진다오
토악하며 사랑하는 사람이라도 있다는 게

얼마나 큰 축복인 줄 아실런가
그 사람이 당신의 사람이니 소중히 여기시오

때가 되어 그 사람도 떠나면
긴긴밤 누가 당신 보고 싶다 울어줄 사람 있겠소

스쳐 가는 바람 같은 인연 속에
연연하지 말고 눈 똑바로 뜨고 속 챙기슈

씽씽 달리던 자전거도
낡으니 뒷마당에 골치 꺼리듯

사람도 호시절이 그리 많지 않다오
귀한 사람 옆에 머물 때 보험들 듯 사랑하구려

티격태격한다는 게
사람 사는 모습이고 사랑하는 증거니

인생 너무 까칠하게 살지 말고
넉넉한 마음으로 베풀며 살아가구려

한해를 보내며

가슴 뛰며 헐떡이며 살아온 시간들
뜻밖의 기쁨도 행복도 아픔도 맛보았던 해

하나님의 축복 속에
소중한 사람들도 만나고
원치 않는 가슴에 토학의 말도 쓰며

살아왔던 시간 속에
한 해가 저물어 가고 있네

얼룩진 마음이 안되려고
발버둥치며 살아온 시간 속에

가슴마디에 바람이 쓸고 가네
가는 바람아 떠나보내기 서러워도

이 시간 웃을 수 있다면
후련한 희비애락의 교차 역 속에

나는 또다시 달릴 준비를 하노라
희망과 행복을 오는 세월에 꿈꾸며

숱한 추억일랑 기억 속에 매달아 놓고
밝아오는 새날을 조용히 맞이해야지

| 12부 | 뒤틀린 용기

뒤틀린 용기

개뿔도 없으며 있는 척
개뿔도 모르며 아는 척
거만하고 삐뚤어진 맘

역겨운 세상이라 탓하지 마라
알고 보면 아름다운 게 세상이라

거만과 불평의 소리는
인생의 독약 같으니라

세상 것 조금 없어도
세상 지식 조금 모자라도
소중한 사람을 아프게 마라

가진 것 많고 재주 많아도
하늘 앞엔 흔들리는 촛불인 걸

뒤틀린 나무는 결코
큰 재목이 못 된다는 것을
자연이 말없이 알려 주지 않던가?

사랑을 몰랐다면

차라리 사랑을 몰랐다면
차라리 인연이 없었다면
차라리 만나지 않았다면

인연인 줄 알고
사랑인 줄 알고
행복인 줄 알고

내 마음 주고
내 정성 주고
내 사랑 주고
내 시간 주고

결국엔 아픔을 겪고
미움의 선물을 안고
바람 부는 날이 되었구나

우린 바보가 돼서
사랑이 아플 거라는 건?
늘 잊고 사는 인생들이니

더듬대며 허룽거리는 인생이
오늘도 뒤뚱거리는 오리 같아

슬픈 마음

나달거리는 마음
들키지 않으려고
가슴이 앞질러 뛰네

푸둥푸둥한 거리는
지각도 없이 후들거려도
선웃음 억지로 꾸미고 애오라지 가네

난출 난출 가려진 걸음에
너를 위한 찬조금이 가슴 아파도

그것이 인생인 걸
그래도 축복은 빌어줘야지

올가망한 가슴이
긴 회안 뒤에 너를 보내네

그래도 살다가 어느 한 날
꿈에라도 날 잊지만 말아 주오

인심

마당에 먹을 게 없으니
까마귀도 오지 않고
짹짹대며 무수히도 귀찮게 오던
참새 새끼들도 오지 않네

세상의 인심이
돼지처럼 먹을 것만 찾으니

사람도
곳간에서 인심 난다 했던가?

모자란 마음

보고 싶은 맘이
미움보다 더하니

솟구치는 그리움이
가슴에 상처보다 더 힘드니

한마다 소식이
태산만큼이나 궁금하니

한발 내 디뎠던 발걸음이
너의 가슴이 생각나 멈추었네

묻고 싶은 말이 너무 많아
펜을 들었다가 야속한 니 마음이 생각나

한줄기 눈물 속에
펜을 든 내 손이 멈추었네

모든 게 부질없음을 알면서도
모자란 가슴이 속없이 몸살을 앓네

세월

보고 싶은 게
어찌 당신뿐이랴

갖고 싶은 게
어찌 사랑뿐이랴

온통
아쉬움 투성인 걸

야속한 세월 속에
얻은 건 눈물의 갈피

청송 같은 모습이
고사목으로 변하고

자신만만한 마음이
깃털 빠진 팔색조 같어라

유수 같은 세월 속에
오로지 늙지 않는 건
그대 갖고 싶음 마음

그래도 지난 욕심이
계절 속 삶의 지팡이 같구나

사랑할 때

사랑할 때는
잠이 안 와도 행복했는데
이별할 때는
잠을 자도 온통 가슴이 아프더라

사랑할 때는
세상이 온통 아름답더니
이별할 때는
세상이 온통 야속함 뿐이더라

내색하지 못하는
아프고 긴 사연들을
바람아 너는 아니?
힘든 마음들이
오고 가는 길목에도
만남과 이별
사랑은
늘~ 희비 속에
풍차 같은 걸

시간

즐겁던 시간도
힘들었던 시간도
지나고 나면
모두가 정겨운 걸

세월의 내리막길에
그리운 정 하나 얻었으면 된 걸

돌아갈 수 없는 어제도
이젠 추억이 되어 갔구나

만나지 못하고 갖지 못한
모든 것들이 아쉬움으로 남아도

다시 오는 오늘이 있기에
우리는 한없이 행복한 것인데

소중한 삶 속에
덧없는 욕심을 버리고
아름다운 시간으로 준비하자

오늘의 저 아름다운 태양도
나를 위해 뜬다는 걸 기억하며
감사로 새로운 첫날을 맞이해야지

돌도 눈물이 있다

단단한 돌이라고
눈물이 없는 줄 알았더냐?
모진 비바람과
심술궂은 인간들 속에
돌도 한밤에 눈물을 흘리더라

돌이라고 함부로 하지 마라
흐드러지게 사는 그대들이
과연 돌의 눈물을 아는가?
당신들은 언제 한 번 등을 대
묵묵한 징검다리가 되어 봤었나?

아~ 그 옛날
평생 눈물 한 방울 안 보이시던
그리도 엄해 보이던 내 아버지
돌보다 더 단단해 보이던 내 아버지

막내딸인 내가
많이 아프던 날
기도를 하시며 닭똥 같은 눈물을
포개진 손등 위에 뚝뚝 흘리시던 모습

지금도
아버지를 닮은듯한
멋진 돌을 보면
그리운 생각을 한다

돌도 우리가 모르는
숭고하고 아름다운 눈물이 있더라.

불변의 법칙

세상엔 공짜는 하나도 없다
뿌린 대로 거둬 사는 게 인생이다

내가 못 받으면
자손 대대까지 내려가는 게
불변의 법칙이다

정을 뿌리고 사랑을 뿌렸으면
그대로 받을 것이고
배신과 악을 뿌렸으면
그 또한 그대로 받을 것이다

남에게 고운 마음으로
베풀었으면
하늘에 복을 받을 것이고

자기를 속이고
남을 속였으면

자기도 뿌린 대로 받는 게
하늘 밑에 사는 사람들이다

하늘은 말이 없어도
사람들의 가슴을 계수하는
고장 없는 아름다운 계산기다

오늘도 나는 죄인으로서
고개 숙인 마음으로 주위를 본다

나에 나 된 것이
다 하나님의 뜻인 것에 감사하며

봄바람

봄바람에 실려
내 마음 보낼까나

먼지가 되어
내 마음 전해 볼까나

억지로 시를 써봐도
까닭 없이 눈물이 나니

차마 내 마음
보여주기 싫은데

나도 모르게
깊숙이 배인 그리움이

봄바람 속에
또다시 일렁이네

| 13부 | 그래 미쳤어

그래 미쳤어

그래 가끔
안 미친 사람 어디 있느냐

하늘이 너무 아름다워 미치고
꽃에 향기가 너무 그윽해서 미치고

사랑이 너무 좋아 미치고
그리움에 가슴 아파 미치고

권력이 좋아 미치고
돈이 좋아서 미치고
이래도 안 미치는 사람 있는가

아담도 미쳐서
선악과를 따 먹었지

인간이 모자라서
이렇듯 늘 미쳐서 사는 거야

그렇지 않고
살 수 없는 게 세상이야
다만 조금만 미치려고
안간힘을 다해 노력할 따름이지

비겁함

사람은 누구나
비겁할 때가 있다
지키고 싶은 게 있을 때는
아마도 더욱 그러하다

나 착하진 못해도
비겁하게 살기 싫지만
때론 나도 모르는 비겁함이
나를 놀라게 할 때도 있구나

스치는 상념 속에
왠지 떠오르는 얼굴
살아남기 위한 인간의
가슴 아픈 사연이 엿보인다

갑자기 그 사람을 위해
내 한쪽이라도 빌려주고 싶다
허허로운 인생 속에
가끔은 비겁하지 않고는
내 모든 걸 지킬 수 없다는 게
가슴 저리도록 슬프고 슬픈 인생사
무엇으로 감금된 영혼들이
오늘따라 너울너울 눈에 보인다

아~ 산다는 건
죽은 자들의 비웃음 같아
너덜 되는 가슴들이
가끔은 걸레만도 못하구나

부부는 가끔 변한다

부부는 가끔 변한다
오빠 같고 누나 같고
동생 같고 아기 같이 변한다

부부는 가끔 달라진다
친구가 되고 애인이 되고
그러다 가끔 꼴도 보기 싫은
사기꾼처럼 얄밉고 미울 때도 있으니

그래도 부부는
부모 같은 맘이야 된다
그래서 서로서로 다듬고 보듬어 키워주는
그런 부모 맘 같아야 가장 아름답다

가끔 부부는 마음의 리모델링을 하면서
가꾸고 닦으면서 사랑의 탑을 쌓아야 한다

그래야 인생의 불황이 와도
흔들리지 않고 굳건한 마음으로
둘이 하나가 되어 사랑탑을 이뤄간다
허당 같은 세상에도
부부만이 내 길 동무라는 걸
주문처럼 외우며 살 때
부부 탑은 높이 쌓아져 간다

유한된 인생

유한된 인생 속에
우린 다 시한부 인생인 걸
천년만년 살 것처럼 목청 높여 떠들어 봐도
잘나고 못난 것 백지 한 장 사이

계절이 오고 가듯
인생도 가고 오는 건 정한 이치인데
사는 동안 진실로 사랑하지 못할 바엔
백여우처럼 말 바꾸는 사람은 되지 말자

그래 봤자 인간은
백여우는 되지 못하거늘
본래 인생도
돌고 돌며 살다가는 것
쩍쩍 갈라진 가슴팍에
사랑의 단비로 채워졌으면

기다리는 마음

누군가를 기다리는
행복한 마음이 되고 싶다

가끔은 철부지가 되어
행복한 가슴이 되고 싶다

누군가를 그렇게
기다리는 인생도 나쁘지 않다

설레는 마음이 아니어도
절절한 그리움이 아니어도
누군가를 기다린다는 건 행복이다

오늘 내 가슴은
누군가에게 기다려지는
아련한 그리움의 사람이 되고 싶다

그리고 나도
누군가를 기다리는
싫지 않은 마음으로
하늘을 보며 별을 세는
고독한 시간이고 싶다

너와 내가 사는 세상
아무런 기대도 하지 않고
기다림이 없다는 건 슬픈 일이다

심사(心思)

산은 가다가 쉬는 길이 있고
바다는 배를 타고라도 갈 수 있지만

인간의 가슴은 닫혀지면
들어가 놀 수도 쉴 수도 없구나

얼음이 찬들
모진 인간의 가슴만 하랴

아~ 산천을 떠돌다 죽은 나비가
오늘따라 내 가슴에서 춤을 추네

세월이여 또렷하게 거둘 수만 있다면
가슴의 날개를 펼쳐 바르게 비행하고 싶다

수목원

인생은 멋진 수목원을 구경하는 길
인생은 멋진 들길을 구경하는 길
한 눈 팔지 말고
행복하게 구경하세!
인생 최고의 화두는
모든 것들을 알뜰히
사랑할 줄 아는 자만이
행복의 열쇠를 갖고 사는
수목원의 주인이 된다

사람들은 참 이상하다

사람들은 참 이상하다

남을 모함하며
못되게 이간질하며
잔머리를 굴려 사는 사람은
병이라고 하지 않는다

그러나 남을 해하지도
남을 이간질할 줄도 모르며
혼자 실실 웃고 다니는 사람은
미쳤다고 하며 병이라고 말한다

사람들은 참 이상하다

틀린 생각을 힘들여 말하며
따진다고 까칠한 사람으로 치부하고

겉으로 내색 안 하며
속으로는 칼을 갈며 참는 사람한테는
그 사람은 참 속이 깊고 좋은 사람이라고 말한다

사람들은 참 이상하다

천길 물속보다
한 치 가슴속은 모르면서
마음대로 판단하면서 단정을 한다
늘 착각 속에 허덕이는
이 모순되고 슬픈 세상에

남을 헤아리지도 않고
높은 곳에 마음을 걸어두고 사는

사닥다리 같은
멋진 마음으로 사랑하며 살고 싶은데

이상하고 이상한 사람들 때문에
내 인생의 사닥다리가 자꾸만 흔들린다

쓸쓸한 날

너무 외롭고 쓸쓸한 날
오늘도 나는 혼자 놀았다
그리운 마음을 억누르며
하늘을 보며 들녘을 걸었다

바람과 함께 들꽃과 함께
그 사람 흉을 실컷 보면서 놀았다

누구도 싫어하지 않는데
아마도 내가 너무 늙었나 보다

옆에 있는 나무와
도란도란 얘기를 나눴다

나무가 내게 속삭인다
나는 오염된 인간이 싫다고

머리 속에 계산기가 있는
인간들은 더욱 믿을 게 못 된다고

그래서 나무도 인간들이
가까이 오면 번개보다 무섭단다

짠돌이

생전 처음 그 사람한테
커피 한 잔 사달라고 하다

대답도 못 듣고
벼락만 맞았다

언젠가는 그 커피 맛을
꼭 즐겨보고 싶은 마음인데

아무래도 그 사람의 커피 맛은
호랑이 고기 맛보는 것보다 더 힘들 것 같다

아마도 날 미워하지도
사랑하지도 않기 때문인가?

그 짠돌이의
철학이 흥미롭다

| 14부 |　하얀 나비야

하얀 나비야

외로운 날갯짓으로
너는 어딜 날아다니니

코끝에 향기 찾아
방황하는 하얀 나비야

널 떠난
님 찾아다니다
너의 날개는 가루가 되리

하얀 나비야
슬픈 나비야

시들은 꽃잎이라고
스쳐 지나가지 말거라

낙엽도 포개지면
포근한 의자가 된단다

어떻게

잊는다 잊는다 해도
어떻게 널 잊겠니

버린다 버린다 해도
어떻게 널 버리겠니

다만 심술 난 가슴이
시샘의 몸살을 하는 게지

남모르는 깊은 곳에
날 사랑한다는 그 말이
아카시아 뿌리처럼 박혔는데

내 몸에 흙이 덮여도
꽃으로 피어나 보고 싶은 너를
어떻게 잊을 수 있겠니

꽃이 피면

봄바람은 불고
꽃들은 피기 위해 아우성

겨울은 가기 싫다고
심술을 부려 보는데

마음을 비우려 해도
덩달아 설쳐대는 아쉬움

한갓 미풍에도
불그러지는 서러움아

아직도 꽃이 피면
꽃잎을 따서 주고받던
동그란 너 얼굴
까만 눈웃음이 뭉게구름 되어

이렇게 꽃피는 날이면
어김없이 내 가슴이 몸살을 한다

단풍

파란색이
엊그제였는데

바람에 하나 둘
떨어지는 낙엽아

빨갛게 물들기 위해
한여름 지나면서 몸살을 했겠지

비바람의 소나기에
몸서리치는 나날도 넘기며
최후의 날에도 고운 단장으로

몸부림치며
그대 곁으로 가고 싶은 단풍

슬프게 떨어져 있는 너를
사람들은 낭만이라며 밟고 간다

고운 모습 속에
황혼의 마지막 사랑을
활활 불태우는 슬픈 단풍아

토악

맘에도 없는 지청구로
그대에게 토악질을 해댔다

꾸역꾸역 가슴에선
몰래 그리움을 접어놓고선

그 사람 마음을
마구 쑤셔대는 칼이 되어

화류계처럼
부끄럼도 없이 나불댄다

내 깊은 기억의 샘물은
나올 건 안 나오고 건불만 토하는지

직시굿 하니 넘어가는 그 사람
가슴으론 내내 고개가 숙여지네

아마도 고운 갈피 속에
접어 둔 사랑이
몸살을 하나 봐

한밤의 달빛을
가슴에 안은 게 화근이었나?

지독한 사랑

죽기까지 사랑한
지독한 사람의 하나님
숨을 수도 없고 도망갈 때도 없다

숨이 막히도록
지독한 사랑아

그 사랑을 배웠기에
움직여지지 않는 가슴아

허당 같은 너를 보며
괘씸하지나 말던지
불쌍하지나 말던지

그 지독한 사랑을
내가 왜 배웠단 말인가

도망하고 싶어도
니가 나불대던 허구가
가슴 자락을 붙드는 아픔아

시는 인연의 놀음

"시"는 인연의 놀음이다
인연의 놀음이 날개를 달고
나비처럼 훨훨 날아 가슴에 알을 낳는다

우리 인생 숱한 인연 속에
행복하기도 하고 슬프고 아프기도 하다

그 인연들을
가끔씩 골라 백지 위에 앉힌다
백지 위에서 "시"는 시집을 간다

어느 날 타인들 가슴에
꽃이 되고 나비가 되고 눈물이 된다

삶의 향기와 슬픈 사연 비벼서
"시"는 희비애락의 연가를 담아
많은 사람들의 가슴에서 춤을 춘다

사랑 미학 혹은 기원의 시학

김송배
(시인 · 한국문인협회 부이사장)

1. '무엇을 남길 것인가'와 인생론

현대시의 주요 주제는 인생론을 주축(主軸)으로 해서 존재의 문제에서 상기(想起)하는 가치관의 새로운 발견이나 정립을 확고하게 시도하는 심리적인 상태를 시적으로 형상화하는 시법을 많이 적용하는 예를 흔하게 대할 수 있다.

이는 존재론에 입각한 인생의 문제를 지금까지 살아온 체험에서 재생된 상상력이 시적 상황(situation)으로 설정되고 거기에 자신이 깊숙이 간직한 정서나 사유(思惟)의 지향에 따라서 시적 진실로 발현(發現)되는 것이다.

여기 이영순 시인의 제2시집 『시는 인연의 놀음』에서 간과(看過)할 수 없는 상황들은 그가 지금까지 진솔하게 살아온 생애의 단면들이 한 장면의 이미지로 승화하고 있어서 그의 순정성과 순박한 사랑의 미학을 확인하는 좋은 계기가 되고 있다.

이영순 시인은 '시인의 말'에서 '내 글을 사랑해 주시는 분들과 남은 삶을 아름다운 사색과 상념 그리고 사랑과 아픔을 가슴에서 툭 떨어지는 멋진 음악처럼 가슴으로 승화시켜 죽는 날까지 팬 끝에 담아내고 싶은 욕심을 내봅니다.'라는 그의 비장한 언지와 같이 '남은 삶'과 '아름다운 사색'이 바로 이 시집 전체에서 공감할 수 있어서 더욱 정감(情感)어린 정서에 매료(魅了)되고 있다.

이처럼 한 사람의 인생론을 이해한다는 것은 상당한 교감이 따라야 하지만 이영순 시인이 재생한 시적 체험은 그의 현실적인 기록이며 동시에 그가 지향하려는 가치관의 함축이라는 또 다른 의미를 제공하고 있다.

인생은 설레임과 고행 속에
길고 짧은 여행이다

강건해봤자
백년도 못 사는 인생
너도 나도 마지막 가고 나면
인생의 남는 건 한 줄 ---------인생에서

살아도 한 줄
못 살아도 한 줄
편집을 해도 한 줄
그 한줄 속에
나는 무엇을 남길 것인가?

가끔은 쉬어가고 싶은
나의 삶 속에

태양은 유혹을 하고
사랑의 에워쌈 속에도
가고나면 한 줄의 끝 선인가?

—「인생은 한 줄」 전문

이영순 시인의 사유에는 '나는 무엇을 남길 것인가'라는 인생의 숙명적 과제에 대한 해법을 탐색하고 있다. 그는 '가끔은 쉬어가고 싶은 / 나의 삶 속에 / 태양은 유혹을 하고 / 사랑의 에워쌈 속에도 / 가고나면 한 줄의 끝 선인가?'라는 어조(語調-tone)에서 이해할 수 있듯이 '나의 삶'에 대한 집념이 용암(鎔巖)으로 분출되고 있는 것이다.

그는 '백년도 못사는 인생'이라는 결론에서 '인생은 설레임과 고행 속에 / 길고 짧은 여행이다'라는 자성(自省)의 어조에서 인생에 관한 시적 정서가 다분히 철학적으로 전환하는 특성을 엿보게 한다.

이러한 인생론에서 그는 '나는 무엇을 남길 것인가'와 '가고나면 한 줄의 끝 선인가'라는 의문을 제기하면서 적절한 해답을 탐구하는 시법으로 그가 삶을 통해서 획득한 다양한 진실을 유로(流路)하고 있다.

그는 이처럼 의문형으로 구사(驅使)하는 어조는 '생각하면 우리네 인생 / 오붓하고 편했던 날이 얼마나 될까(「바쁜 영혼아」 중에서)'라거나 '이것이 내 인생에 / 원동력이 될 수 있을까?(「마음에 외출」 중에서)'라는 의문이 상존하고 있어서 그가 구현하려는 인생론은 그의 시적 정서와 그 원류를 동행하고 있음을 이해하게 된다.

인생은 하나의 빗방울 같아
냇물이 되었다 강물에 가고
운이 좋아 바다까지 간들
흔적 없이 사라지는 빗방울 같은 것
한 점 빗방울 같은 인생
혹여 주눅 든 가슴 감추고
점 하나라도 남기고 싶어 안달하다
결국엔 소리 없이
슬프게 사라지는 빗방울 같아
차라리 한 송이 꽃이라면
누구나가 좋아하고 사랑했을 텐데
잘 살아도 못 살아도
어차피 인생은 빗방울 같은 걸.

—「허무한 인생」 전문

그렇다. 이영순 시인이 그토록 의문에 젖어 있던 인생문제들이 결국 위의 작품과 같이 '허무한 인생'이라는 결론에 도달하게 된다. 인생은 '흔적 없이 사라지는 빗방울 같은 것'이며 '점 하나라도 남기고 싶어 안달하다'가 '결국엔 소리 없이 / 슬프게 사라지는 빗방울'이라는 대오(大悟)의 시심(詩心)으로 응축(凝縮)되고 있다.

이러한 인생문제에 관한 해법은 다음과 같이 압축(壓縮)할 수 있을 것이다.

– 봇물처럼 많은 인연 / 우린 함께 붐비며 살아도 /

가끔은 물위에 홀로 서 있는 / 외롭고 고독한 섬 같은 인생 (「섬 같은 인생」 중에서)

– 싼 고등어 한 손 챙겨들고 / 거한 막걸리 탓에 / 까짓것 인생 별것 있나 / 중얼중얼 눈가엔 촉촉한 이슬 (「읍내 장터」 중에서)

– 지인들 마음보기 바쁘고 / 타인들 눈치 보기 바쁘고 / 늘 고뇌 속에 사는 우리네 인생 (「바쁜 영혼아」 중에서)

– 인생은 이렇듯 / 슬프고 허무하게 흘러가는 걸 (「인생」 중에서)

– 허긴 내 마음도 / 내 생각대로 안 되는데 / 이렇듯 하늘의 숙제를 / 힘들게 풀며 사는 게 인생이구나 (「인생 숙제」 중에서)

– 미워하는 사람의 말은 / 유익한 말이라도 꽹가리 소리 같으니 / 생각의 모순 속에 / 인생이 흘러가고 있다 (「모순」 중에서)

– 계절이 오고가듯 / 인생도 가고 오는 건 정한 이치인데 / 사는 동안 진실로 사랑하지 못할 봐 엔 / 백여우처럼 말 바꾸는 사람은 되지 말자 (「유한된 인생」 중에서)

2. 당신에 대한 그리움과 사랑학

이영순 시인은 지금까지 삶과 인생에 대한 문제를 심도(深度)있게 탐색했다면 인간이 소유한 정감(七情–喜怒哀樂 愛惡慾) 중에서 불망(不忘)의 심리로 현현하는 애(愛)에 관한 문제가 현실적으로나 상상력으로나 어떤 형태로든지 많이 등장하는 것으로 작품 속에 나타나고 있다.

이영순 시인은 이 사랑학의 근원으로 우선 '그리움'이라는 명제가 사유의 정점(頂點)에 있는데 이는 그가 체험한 칠정 중에서 절대적인 인생의 전환점으로 부각(浮刻)됨으로써 그의 내면에 잠재(潛在)해 있는 시적 진실이 강렬한 메시지로 어필하고 있다.

누군가를 생각해
뜨거운 눈물을 흘릴 수 있다는 게
종전에는 내게 있었단 말인가

오늘같이 맑은 하늘
쪽빛하늘을 보며 당신의 벅찬 우정 앞에

고운 그리움으로 어느새 내 마음
촉촉함으로 젖어 자리 잡았단 말인가

그대 옷자락에
내 마음도 내 이름도
끈처럼 매달아 놓고 싶어라

–「그리움」 전문

이 작품에서는 '그리움'의 진원지가 바로 사랑을 위한 전주곡으로 발현되고 있다. 그것은 '그대 옷자락에 / 내 마음도 내 이름도 / 끈처럼 매달아 놓고 싶어라'는 어조와 같이 그의 그리움은 절정에 이르고 있다.

그의 그리움은 작품 「안부」에서 '살다가 이렇게

그리운 날이면 / 그냥 잘 있느냐고 물어나 보는 걸 / 이렇게 못난 내 가슴 / 너무 가엾어서 눈물이 난다'거나 작품 「회상」에서 '그대가 내 가슴에 / 걸어두고 간 그리움 하나 덩그러니 / 냉동이 치듯 실없는 고백 / 이제 와 소처럼 되새김질하니 / 고운 그리움 되어 철없는 가슴이 되네' 그리고 작품 「하얀 날개」에서도 '기억에 날개가 / 오늘도 그리움으로 / 당신의 창가 / 처마 밑에서 서성인다'라는 그의 진실이 애절한 이미지로 투영되고 있다.

사랑이란
좋은 기억을 갖고
꿈을 꾸며 현실을 사는 것

사랑이란
행복했던 시간
짧은 기억 하나면
충분하다

– 「사랑이란」 전문

이와 같은 그리움이 정서의 축(軸)으로 작용하면서 그의 사랑학은 출발한다. 이처럼 사랑은 '좋은 기억'이며 또한 '행복했던 시간'으로 '꿈을 꾸며 현실을 사는 것'이란 결론을 도출(導出)하고 있어서 그가 염원하는 사랑의 진수(眞髓)가 공감을 유로하고 있다.

이영순 시인은 '헌신과 노력 없는 사랑은 / 언제나 이별이 기다린다는 것도 / 나는 이제야 알았습니다

(「이제야 알았습니다」 중에서)'라거나 '사랑할 때는 / 세상이 온통 아름답더니 / 이별할 때는 / 세상이 온통 야속함 뿐이더라(「사랑할 때」 중에서)'는 어조에서 그의 결정적인 심중의 변화가 내재(內在)되어 있음을 이해하게 된다.

그는 다시 '당신의 사랑이 없었다면 / 내 삶의 굴레가 얼마나 황량할까 / 당신은 / 나에게 봄바람입니다(「봄바람 같은 당신」 중에서)', '그때부터 나는 / 죽을 등 살 등 당신의 사랑의 노예가 된듯 / 진정한 부부의 의미를 깨달았네(「부부탑」 중에서)', '당신과의 인생이 / 내 맘은 늘 물레방아 같았죠(「부부 이력서」 중에서)' 그리고 '가끔 부부는 마음의 리모델링을 하면서 / 가꾸고 닦으면서 사랑의 탑을 쌓아야 한다(「부부는 가끔 변한다」 중에서)'는 확연한 신념과 같이 그의 사랑학은 '부부'에서 결정체로 융합하고 있다.

떠나시는 그 길이 우리들 마음을 지려 밟고 가나이다
님이 뿌린 사랑의 향기가 영원히 우리들 가슴에 있을 겁니다
헤여짐의 아픔이 뻥 뚫린 고목처럼 아픔으로 남기겠지만...
님의 품은 뜻이 하나님의 영광을 위한 길이라 믿기에
우린 가슴 마디마디 맺힌 정 감추고 밤에 핀 달맞이꽃처럼
환한 미소로 보내려 합니다

– 「님을 보내며」 중에서

그러나 보라. 여기에서 이영순 시인의 어조는 떠나보낸 '님'에 대한 애절한 정의(情誼)가 넘치고 있다. 그가 자주 화자로 등장시킨 '당신'이 바로 이 '님'에 대

한 의인화라는 점을 엿보게 한다. 그는 '꽃신 신고 떠난 님아 / 이제 나도 가오리다(「꽃신」 중에서)'라거나 '행방불명된 사랑아 / 행방불명된 마음아 / 어디 가서 너를 찾나(「행방불명된 사랑」 중에서)'라는 절박한 어조에서 유추할 수 있듯이 그의 사랑학은 이별의 아픈 체험이 시적 정황으로 분사(噴射)하고 있다.

그는 이러한 사랑의 원류인 이별에서 벗어날 수 있는 상항의 전개는 작품 「잊는다는 건」 중에서 '만약 당신이 나를 잊었다면 / 당신은 나를 진정 조금치도 / 사랑하지 않았었다'거나 작품 「어떻게 잊으래」 중에서 '니 형체 니 약속 어디로 몰고 가고 / 나 혼자 그리움만 심어놓고 어떻게 잊으래'라는 정황은 바로 그리움과 사랑 그리고 이별이라는 인생 순리에 순응하는 그의 진실임을 이해하게 한다.

3. '바람과 꽃이 되고 싶다'는 기원의식

이영순 시인이 갈구(渴求)하는 시법에는 기원과 여망이 복합적으로 창출되는 작품을 많이 대하게 된다. 이는 그가 지금까지 적시한 사랑학에 대한 연결의 의미로 이해할 수 있지만, 그리움을 통해서 재현된 불망의 사랑, 별리(別離)의 사랑 등이 그의 간절한 소망으로 형상화하고 있음을 알수 있다.

누군가 그리운 날엔
바람이 되고 싶다
갈구 칠 것 없고 자유로운
바람이 되고 싶다

--중략--

내가 그대를 찾지 않아도
그대가 내 향기에 취해서
너울너울 나비처럼 나를 찾는
그윽한 꽃이 되고 싶다

-「바람과 꽃이 되고 싶다」 중에서

아~나는 이 가을을
어떻게 맞이하며 수를 놓을까
빗나간 마음들을 다시 돌려
우리가 서로 사랑 했을 때처럼
고운 낙엽을 함께 바라볼 수 있다면 좋겠다

-「가을맞이」 중에서

이 두 편의 작품에서 읽을 수 있듯이 화자의 어조에서 '바람이 되고 싶다'거나 '그윽한 꽃이 되고 싶다' 또는 '고운 낙엽을 함께 바라볼 수 있다면 좋겠다'에서 '싶다', '좋겠다'라는 어휘가 우리들을 어떤 대상에 대한 간곡(懇曲)한 여망이 내포해 있음을 알 수 있다.

이영순 시인의 뇌리(腦裏)에는 이처럼 기원의 의식이 하나의 인생관으로 승화해서 자신의 철학으로 현현하는 시법을 다양하게 적용하고 있어서 우리들의 공감을 확산시키는 효과를 보여주고 있다.

그는 작품 「내가 죽으면」 중에서 '내가 죽으면 / 그 길엔 꽃이 필까 / 아름다운 실개천이 흐를까 / 그리움 놓고 간 그곳에 / 눈물방울 위에 향기로 비벼 / 고운 꽃길 만들고 가고 싶어라'거나 작품 「소중함」 중에서 '우리 서로 소중한 상대로 / 외로운 세상 모닥불처럼 / 따뜻하게 살아갔으면 좋겠다' 그리고 작품 「이렇게 살고 싶습니다」 중에서도 '내 것이 아닌 것을 탐내기 보다 / 내가 갖은 것에 만족하며 살고 싶습니다 / 언제나 나 있는 환경에서 / 참 행복과 감사로 살고 싶습니다'와 같이 그의 절규(絕叫)에 가까운 기원의식이 넘쳐 있다.

이러한 그의 기원은 작품 「만이 보고 싶어」 「나 태양이고 싶어라」 「아지랑이 사랑」 「누군가와」 「나비」 「기차를 타고 싶어」 등에서 그의 진솔한 여망을 들을 수 있을 것이다.

주님 제가 잘못 했어요
윤리도 도덕도 감히 자격이 없는 내가

--중략--

미천한 자격으로
감히 하늘을 우롱했습니다
나를 불쌍히 여기시고
내 몸의 가시를 뽑아 주소서
이대로 가슴의 평정을 주시고
하늘의 속삭임으로 나를 다듬어 주소서

— 「후회」 중에서

그리고 이영순 시인은 '주님'에게도 간절한 '나'에 대한 참회의 기도로 기원의 의식을 표현하고 있다. 그의 '시인의 말'에서 이미 언급되어서 잘 알겠으나 '특별히 나를 늘 응원해 주시고 기도해주시는 내가 30년이 넘게 섬겨온 불광동 연신교회 담임 목사님을 비롯해 사랑하는 교우님과 지인들께 이 자리를 빌려 감사를' 드리는 예의를 보아서 그는 성실한 그리스천으로서의 기도임을 알 수 있다.

그는 이 기도를 통해서 '사랑했던 사람을 / 사랑해준 사람을 / 소중했던 사람을 / 기도했던 사람을 // 작두로 찔러대며 / 아름답게 지키지 못했'다는 성찰의 염원이 그의 진정한 시적 진실로 나타나고 있음을 이해하게 한다.

그는 다시 작품 「아버지」 중에서도 '참 힘들고 슬플 때마다 / 나를 어루만져 주시는 주님 // 당신은 나에게 / 늘 인자하신 아버지 // 내 가슴에 평온을 주시는 / 행복의 안식처입니다 // 나를 고아 되게 마시고 / 탕자 같은 나를 거두어 주소서'라고 '주님'을 향한 '나'의 소망이 절절하게 구현되고 있다.

이밖에도 '시끄러운 세상사 / 빈 마음을 갖는다는 건 / 얼마나 편안하고 자유로운 가 / 제 이름도 모르는 저 새들처럼 / 세상을 높이 나르면서 / 사랑으로 바라보고 싶은데(「빈 마음이 되고파」 중에서)' 또는 '아무리 발버둥 쳐도 / 세월 앞엔 장사 없으니 / 바람아 구름아 / 스쳐가는 인연으로 / 내 삶에 / 고운 간증이나 되어주렴(「흐르는 세월」 중에서)'과 같이 그의 신심(信心)이 충만한 이미지를 읽을 수 있다.

4. '봄바람'과 '풀향기'의 서정적 향연

이영순 시인은 삶과 인생과 사랑과 기도로 그의 존재를 확인하고 자아를 인식했다면 이제는 주변의 자연과 그 섭리에 따른 환경적인 변화에 남다른 감응으로 접근하면서 서정적인 향연을 연주하고 이다.

그는 주로 친 자연에 대한 응시(凝視)를 통해서 교감하는 우리 정서 혹은 인생론과의 상관성을 중심축에 두고 시적 상황을 설정하거나 주제를 창출하는 시법으로 서정시를 창작하는 특성을 엿볼 수 있다.

봄바람에 실려
내 마음 보낼까나
먼지가 되어
내 마음 전해 볼까나
억지로 시를 써 봐도
까닭 없이 눈물이 나니
차마 내 마음
보여주기 싫은데
나도 모르게
깊숙이 배인 그리움이
봄바람 속에
또다시 일렁이네

―「봄바람」 전문

이 '봄바람'이 던져주는 메시지는 자연 현상에서 탐색하는 '그리움'이라는 인간 본연의 정서 실체를 적절한 이미지로 형상화하고 있다. 그는 '봄바람'과 '내 마음'을 대칭으로 비유함으로써 그가 의도하는 '나도 모르게 / 깊숙이 배인 그리움'이 투영되어 그의 서정적 이미지가 돋보이게 하고 있다.

그는 '봄바람'과 더불어 '억지로 시를 써 봐도 / 까닭 없이 눈물이 나'는 계절적인 현상에서 약간 감상적인 시심으로 전환하고 있어서 그의 내면에서 '일렁이'는 서정성은 그의 어쩔 수 없는 예민(銳敏)한 심경의 일단으로 보여진다.

풀이라는 이유 하나로
마디마디 시름지고 살아가다

자기 몸이 잘리는데도
풀잎은 말없이 짙은 향기를 품어내네

어느 향수보다
그 어떤 향기보다
싱그럽고 좋은 향기를 뿜네

—「풀향기」 중에서

여기에서는 '풀향기'라는 후각(嗅覺) 이미지를 통해서 인간과의 상관성—자기 몸이 잘리는데도 / 풀잎은 말없이 짙은 향기를 품어내네—을 은연중에 '향기'로 내뿜고 있다. 앞의 '봄바람'은 내적인 정서의 표출이었다면 '풀향기'는 외적인 상황에서 우리 인간들과 교감함으로써 서정시의 기능을 다하고 있는 것이다.

이러한 이영순 시인의 서정성은 많은 작품에서 일별

(一瞥)할 수가 있는데 모두가 어쩌면 '그리움'이나 '사랑'이라는 주제에 귀결(歸結)되고 있다는 점을 유념하게 된다. 가령 작품「초승달」중에서 '박이 영글어 딸 때쯤이면 / 나의 그리움도 따서 / 달빛 속에 / 그대 발자국 수놓아 / 도란도란 따뜻한 사랑 / 초승달 끝에 걸어두고 싶어'라거나 작품「수목원」전문에서 '인생은 멋진 수목원을 구경하는 길 / 인생은 멋진 들길을 구경하는 길 / 한 눈 팔지 말고 / 행복하게 구경하세! / 인생 최고의 화두는 / 모든 것들을 알뜰히 / 사랑할 줄 아는 자만이 / 행복의 열쇠를 갖고 사는 / 수목원의 주인이 된다'는 그의 서정적인 지론(持論)이다.

이영순 시인의 서정적인 이미지의 발산(發散)은 작품「라이락 향기」「가을 하늘」「꽃이 피면」「단풍」「나그네여」「비내리는 오후」「바람이 알려준 추억」「어쩌다가」등등 다양한 소재와 형태로 그의 의식(consciounss)에 침잠(沈潛)한 서정의 위의(威儀)가 분사하고 있다.

그는 결론적으로 작품「시인의 가슴은」에서 인식한 것처럼 '내가 詩을 쓸 수 있다는 건 / 나를 사랑했던 사람들이 있기 때문이다'라는 그의 확고한 시인의 위상(位相)과 시의 본령(本領)이 바로 그의 순박하고 안온한 서정성의 체질(體質)과 심성(心性)의 근본이 발현되었음을 유추하게 한다.

그는 시집의 표본이 되는 작품「돌도 눈물이 있다」에서도 아주 진솔한 순정파적인 이미지로 '내 아버지'를 묘사(描寫)하고 있는데 이는 그가 체험한 사랑(父情)이 형상화하는 정감이 그의 서정적인 심리적인 현상이라고 할 수 있다.

그는 '지금도 / 아버지를 닮은 듯한 / 멋진 돌을 보면 / 그리운 생각을 한다 // 돌도 우리가 모르는 / 숭고하고 아름다운 눈물이 있더라'는 그의 단정(斷定)은 '돌'과 '아버지'의 대칭이 서로 강건(强健)하다는 비유적인 유사성(類似性)으로 상징을 부여하고 있어서 그의 서정적인 향연을 장식하고 있다.

이제 이영순 시집 『시는 인연의 놀음』를 마무리한다. 그는 대의(大義)로 인생론에서 '무엇을 남길 것인가'를 정점으로 하여 현실적인 생활에서 체험한 그리움과 사랑학의 해부(解剖), 그리고 거기에서 파생(派生)된 기원의 의식이 '바람과 꽃이 되고 싶다'라는 무형(無形)의 이미지에서 투영하는 인간과의 접근, 이러한 사유의 발전과 가치관의 정리로 나타난 서정적인 그의 인생 향연으로 구성된 그의 작품을 이해할 수 있었다.

이러한 시법은 누구에게나 비슷하게 적용되는 현상을 목도(目睹)하게 되는데 이는 우리들의 생활 방식이나 정서의 흐름이 환경적으로 유사하다는 점을 그냥 간과하지 못하게 한다. 결론적으로 인생관과 가치관의 추구가 동시대의 관점에서 체험했거나 감응하는 정신문화의 소산인지도 모른다.

그는 '어느새 내 눈가에 서린 / 촉촉한 안개로 숲이 출렁이며 눕는다'는 작품 「어쩌다가」의 어조처럼 우리들 모두의 심정에 무르녹아 있는 정감이 동일한 상관성으로 공감을 확대하고 있다.

그러나 시는 개인의 정서나 개인의 체험에서 출발

하지만, 개인의 독백이나 절규로 완성되는 것은 아니다. 어디까지나 개인의 체험을 근본 바탕으로 해서 이미지를 창출하고 표현에서 비유로 진실을 구명(究明)하는 시법을 요구하고 있다.

이러한 점에서 본다면 시는 아름답기만 해서는 모자란다고 말한 호라티우스의 '시론'이 상기된다. 시는 사람의 영혼을 뜻대로 이끌어 나가야 한다는 그의 언지가 새롭게 들리는 연유도 여기에 있을 것이다. 시집 출간을 진심으로 축하합니다.